拉拉庫斯回憶

我的父親高一生與那段歲月

高英傑 著

推薦序

如果高一生得以回到杜鵑山

周婉窈

一九五二年九月十日鄒族領袖、吳鳳鄉鄉長高一生被捕，當天晚上嘉義縣縣長林金生等人到達邦國小宣告高一生的罪狀，說是貪污，第二天到各部落去宣傳此事。當天晚上，高英傑的媽媽要高英傑去探看，他爬上圍牆，聽到林金生用日語說：「高鄉長將你們的錢偷竊了。」這是高一生、同案陸續被捕的人，及其家人夢魘的開始。次子高英傑是掉落這個苦難大羅網中的一個小孩。

高英傑當時才十二歲，那是心還很稚嫩的時候。當時他就讀台中簡易師範先修班，一年後先修班解散，分發到台中第一中學初中部。他很想念父親，很希望父親無罪開釋回家。由於繫念父親，每個星期天，他租一部腳踏車，到離學校二公里的台中車站月台，目送下行（南下）列車，希望能見到父親的身影……。當然，少年的希望最後是落空了。不過，請讀者留意，高一生和其他五位原住民菁英最後同日同時被處決，是「後來」的事情，在此刻之前，家人總是懷抱著希望，當事人高一生，不也告訴家人「我敢打賭，我們的團圓很快會來臨」；台南女兒施水環在給媽媽的最後一封信，不也還說「願上帝的保佑及公正的法律能賜給我們一家人無受冤枉地度過這一大苦難，並讓我們早日回復自由、共享團圓」。一九五四年暑假，高英傑回到山上，看到新墳，才知道父親已經過世，家人刻意不讓他知道，讓他「非常難過和歉疚，精神恍惚了一陣子」。從每個星期天騎車到台中車站，期待在下行列車中看到父親的身影，到面對一個土塚，誰能不精神恍惚？即使已經年老了，高英傑還是非常懷念父親，很想回到台中火車站目送下行列車……。為什麼呢？因為那是還能懷著希望的時刻，是高一生還可能回到杜鵑山的時刻，是希望破滅的前刻——但願時間能停止在那裡。

在白色恐怖時期，作為政治犯的家屬，是很辛苦的。每個人都有一個你可能無法想像的故事。個性溫厚的高英傑，在這本隨筆中沒講太多，但他整個人生，一直到一九九〇年代以前，不管上頭有著怎樣的活潑色調，底色是灰暗的——如同自由民主化之前的島嶼本色。在〈艱苦的歲月〉中，高英傑寫道：「父親在青島東路看守所的日子，家庭真正感受到殘酷的人間地獄滋味」，他想到雨果的《孤星淚》，想大聲喊：「啊！無情！」這讓我特別有感。《孤星淚》現在譯作《悲慘世界》，但日文曾譯為《噫無情》（ああむじょう），就是「啊！無情！」的意思。我小時候曾聽台語廣播劇，就用《啊！無情！》當劇名，至今還記得播報員唸「啊！無情！」的口氣，滿滿的情緒。政治犯的子女在社群、學校和社會通常受到無情的排斥，忍不住會在心裡喊著：「啊！無情的族人！」、「啊！無情的教徒！」

等等。閱讀／了解白色恐怖，或許就是給我們機會，反省自己若處於同一時空，會不會是那個無情世界的一環？

關於辛苦的成長過程，高英傑著墨不多，倒是寫了不少有趣的事情，往往讓人會心一笑，甚至爆笑。他寫小時候的部落生活，介紹鄒族文化祭儀與氏族，紀錄日本時代人事物的「遺留」，外省「國語」的滑稽，基督教和西方人，家族故事、天災記憶等等。一向低調的高英傑，在自序中說：寫這些文章不過是「想把我心中認定的三個時期（日治時期、戒嚴時期、現在的自由民主時期）的個人和家族的遭遇，讓兒孫們明瞭」。高英傑確實是跨越了台灣歷史的三個時期，日本戰敗時他才五歲，但日本統治的影響在原住民部落比漢人社會持久，加上家庭的個別因素，他可以說活過日治時期（他的大姊和二姊到嘉義師範學校探望他時，和他講日語）。讓我感到非常特別的是，他將戰後台灣分為「戒嚴時期」和「現在的自由民主時期」。我想，政治犯家屬對於解嚴特別有感吧。作為歷史研究者，我以一九九二年台灣自由民主化作為戰後台灣歷史的分界點，這點至關緊要。高英傑認為，高一生之開始為世人所認識，是由於張炎憲的口述採訪，以及陳素真撰文介紹，這都出現在一九九四年。如果台灣沒有自由民主化，我想高英傑兄弟應該會非常鬱卒。親愛的讀者，不要小看台灣的自由民主化，它讓時代的倖存者看到光和希望，也讓島嶼在世界被看見。

這本書確實如自序的副標題所述，是一位「鄒族老人跨越三個時期的成長隨筆」，它是在七十餘年的時間長度中，以個人的生命所體驗、所感受到的，試著用文字捕捉下來的紀錄。對戰後台灣歷史有所了解的人，可以在這裡看到人和時代的關連，對台灣歷史尚無系統了解的讀者，或許可以透過一則又一則的記事，找到進入陌生世界的小角門。這裡所寫的，是沈澱過後的感受，是回憶的結晶、淚的珍珠，靜靜地發著光亮。

對研究歷史的人來說，這本書也透露出非常珍貴的訊息。例如，卑南族著名作曲家陸森寶（孫大川的姨丈）是高一生台南師範學校的學弟，但在他對過去的追憶中，從來沒提過高一生，連六年都和高一生同班的孫德昌（孫大川的表舅）一生也都沒提過高一生。可見在那個時代，人們多麼想徹底「遺忘」政治受難者。〈台東舞〉一文紀錄了陸森寶率領卑南族鄉親前來鄒族部落進行音樂舞蹈交流，熱鬧滾滾。〈「仁聖吳鳳」〉則寫原住民學生在國文課預定上吳鳳那一課時，集體罷課到球場打球，表達不滿，高英傑想起他和班上兩位同學則曾有氣無力地窩在宿舍床鋪上，動作雖然不激烈，也是種抗議。一九八八年的最後一天，在嘉義火車站前爆發「拆除吳鳳銅像事件」，不是一時冒出來的事情。此外，在書中出現的一些人名，如袁國欽、周聯華，都牽連著戰後台灣的歷史。

高英傑老師非常有才華，他參與過原舞者兩齣高一生故事的舞劇——二〇〇八年的《杜鵑山的回憶》和二〇一一年的《迴夢 Lalaksu》，在後者他還是主角，扮演高一生呢！此刻我想起無緣相識的高英輝神父（一九四二～一九九四），以及人稱菊花阿姨的高菊花女士（一九三二～二〇一六）；也想起二〇一四年七月十八日，為了高一生故事的動漫企劃，陪高英傑老師、高英洋先生，以及呂敦偉先生去拜會張炎憲教授（一九四七～二〇一四），兩個多月後，張先生遽然過世，永難忘懷當日的會面。二〇〇五年十二月三十日我在中央研究院舉辦「高一生的音樂：聆賞與討論」，高英傑老師、高英洋先生、陳素貞女士，以及兩位鄒族阿嬤莊素貞女士和鄭素峰女士，來為大家演唱高一生的歌曲，轉眼也已經一紀了！令人難過的是兩位鄒族阿嬤都已離開人世。當時有人看了海報，還以為高一學生要到中央研究院演出呢。現在有好一些嗎？應該是吧，如果優質的《杜鵑山的回憶》和《迴夢 Lalaksu》能全國巡迴演出，在眾人淚眼婆娑中，我想，我們的社會會有所改變、有所提升。

如果高一生得以回到杜鵑山——那是一九五四年四月十七日以前才可能的命題。如果，如果，陳澄波能復活，我想，不要說全台灣，光就我們嘉義來說，就會很不一樣。如果高一生能回到杜鵑山，台灣的山、海、平原都會很不一樣。誰剝奪了這一切？誰剝奪我們和濟濟多士一起成長的機會？

高一生在最後一封信遺書中寫道：「在田地　在山中　我的魂魄隨時陪伴　水田不要賣」。預知不能回到杜鵑山的高一生，期待以精神的方式返回故鄉，永遠保護家人和田園。這是暗黑時代家人得以存活下去的力量。在島嶼前途無比險峻的此刻，我們呼喚島嶼的英靈們給予保佑，賜予力量，在這同時，我們必須做出一切的努力，來值得他們的保佑！

（本文作者為國立台灣大學歷史學系教授）

自序

拉拉庫斯的回響　達邦山谷的回音

鄒族老人跨越三個時期的成長隨筆

一九八七年夏季，我和已故妻子謝丹鳳為了孩子們的教育著想，毅然決然離開工作了十四年，令人留戀的家鄉嘉義縣吳鳳鄉（現在的阿里山鄉）達邦村 **Keyupana** 老屋，前往嘉義市定居。我到水上鄉大崙國小擔任訓導主任兼音樂科科任老師，妻則就近到水上鄉公所擔任書記，兩個兒子則分別在水上國小和私立協同中學初中部就讀。適逢解除三十八年戒嚴令，教育局安全室及縣府人二將我們夫妻幾年來的監視紀錄銷毀，因而這段時期對我倆來說，是服公職以來工作最為順利、心情最愉快的時期，而孩子們的學習也表現優異，這已經是一九六一年嘉義師範畢業二十六年後的事了。

好景不常，丹鳳不幸罹患胰臟癌於一九九〇年過世，父兼母職的日子雖然辛苦，但是兒子們很爭氣，先後就讀省立嘉中，並且考上理想的大學。這時雖然已經解嚴多年，但是黨國思潮依舊充斥校園，就連我服務的大崙國小學生，對於「五嶽三江是哪五嶽？哪三江？」「四川省有哪四條河流？」……等中國史地，背得滾瓜爛熟，但是詢問學校旁邊的水泥大排（嘉南大圳主幹線），則毫無所悉，連嘉義縣和台南市界河八掌溪都沒聽過，這是當時遺留的不正常教育所致。記得兒子曾在上一課和阿里山森林鐵路有關的課程時，老師不經意地說，過去鄒族有一個人叫高英傑（家父高一生的口誤）的，很厲害，在森林鐵路十字路火車站阻擋火車呢！關於家父牽涉二二八及白色恐怖的事情，我本來對兒子們低調應對，因此他們對這些事件可以說一知半解，當他回家問我鄒族有沒有和爸爸同姓同名的惡霸阻擋過火車通行？我想不能再隱瞞了。後來我很仔細地讓他們了解家父為了提出台灣西部原住民高山自治縣的構想，被國民黨當局羅織新美農場貪污、匪諜、叛亂等罪名，和多名原住民一起被判死刑的事。國民黨政府在事件前後編造了多件污衊原住民菁英的假消息，擋火車的「高山惡霸高一生」只是其中一項污衊的假消息罷了。從此，兒子們也開始關心受難事件的始末和背景。

轉眼之間，孩兒們長大，相繼離家求學、成家立業，鮮少和我當面交換意見或分享相關問題。為了讓兒子們能持續關心，我就提筆寫了〈台中下行列車〉和〈警官宿舍〉兩篇文章，純粹寫給兒子們了解，沒想到日本天理大學下村作次郎先生看了我的〈台中下行列車〉隨筆後，鼓勵我多寫幾篇到日本「高一生（矢多一生）研究會」，因此增補了〈第一個部落回憶〉、〈嘉義強震〉、〈給油巴那〉等，交給研究會刊登。

二〇〇三年退休之後，妻子林娟微帶領我重回基督教長老會加恩教會，開始參與教會的各項事工，並且到住宅附近的嘉義基督教醫院院牧部擔任志工，也有充分時間整理鄒族傳統歌曲及過去寫過的童謠，同時繼續書寫個人成長過程紀錄。當時的想法和過去一樣，想把我心中認定的三個時期（日治時期、戒嚴時期、現在的自由民主時期）的個人和家族的遭遇，讓兒孫們明瞭。就在前年，透過周婉窈老師的引介，魏淑貞總編和蔡明雲編輯得知我的論文拙作和幾篇隨筆收錄在日本《台湾原住民族の音樂と文化》（二〇一三，草風館）裡，徵詢我出版的意願，她們的抬愛，讓我深深感動，也激勵了我寫作的意願和動力。

日治時代初期，鄒族還停留在小區塊的手鍬農業，部落型態是漁獵社會，在短短百年，三級跳來到工業社會、科學時代，衝擊是何等地大啊！但願拙作能讓大家對鄒族部落進步的過程有所了解，我，原住民老人，由衷地期待。

二〇一八・六・十三

目次

拉拉庫斯（Lalakusu）

一九五二年遠離故里到台北的父親，因為懷念故鄉的親友，特別寫了一首動聽悅耳的歌曲〈杜鵑山〉。歌詞原為日語，台北陳素貞女士和達邦汪幸時先生分別翻譯成漢語和鄒語，歌意如下：

我離開杜鵑山後，
時刻懷念橡樹林，
何等的想念那個山啊！
折散的白雲，你要飄到哪裡去？

我夢見了杜鵑山
橡樹林的影像漸漸模糊

想念的那山竟然不見了
可愛的藍鵲現在也不知飛到哪裡去？

杜鵑山就在南邊，
在那闊野的橡樹林地，
灼紅的夕陽更使我想念，
山上的郭公鳥，正在哀鳴吧！

杜鵑山的小徑，
通過林端到達橡樹林，
想念的那個山就在那邊，
樹梢的小斑鳩已回到了家吧！

杜鵑山就在那個方向，
楓葉即將變色的時節，
更想念那山，

杜鵑山鄒名拉拉庫斯，究竟在哪裡？原來它就在現今阿里山鄉達邦村特富野大社東方阿里山山脈的自忠山（兒玉山）山腳下，是高氏族等特富野族群（Tfuya group）的傳統耕地。曾文溪發源地的主流長谷川溪，從同山脈的霞山（二、六五〇公尺）流經此地，和八道山澗匯流。這裡曾是日治時期水稻栽培的重要場所，之後隨著時代不同，陸續栽種麻竹、油桐、苦茶樹、闊葉杉等。聚落族群還沒有進入定耕農作以前，此地到處都是野杜鵑，野杜鵑鄒語叫「拉庫斯」，加複數為「拉拉庫斯」，就是說這裡有許許多多野杜鵑的意思。其實，阿里山地區除了原始林之外，尚未開墾之地，從落鳳山、達娜伊谷山、芙蓉山、自忠山、鹿林山，一直到塔塔加，各有不同種類的杜鵑，其中以森氏杜鵑最為耀眼。父親歌曲裡指的杜鵑山，應該是廣義的杜鵑山，北鄒族傳統的領域，不是高氏家族的傳統耕地。

一九四四年戰時，杜氏、高氏、湯氏部分家人在警察值夜宿舍前合影。前排左起第五位是母親，接著是我。

一九四六年的全家福，前排左一是我。

一九四七年的全家福。

吾雍（Uyongu）我父親

父親高一生（Uyongu Yatauyungana），可說是近代原住民族的傳奇性人物，從一九〇八年出生於偏遠的曾文溪上游、北鄒族特富野大社（Tfuya Group）所屬的石埔有小社（Cipuu Village），一直到一九五四年四月十七日結束生命為止，終其一生，雖然和好友安猛川立志做鄒族原住民的先覺者，但終究抵不過時代洪流，在族群裡徒留下匪諜、貪污等罪名。族裡的人，都以當年時空背景角度來看待此事，認為高一生是具有爭議的人物，外界人士甚至認為他是地方惡霸。直到張炎憲等著《嘉義北回二二八》（一九九四年二月）、《台灣文藝》新生版第二期（陳素貞撰文，〈杜鵑山變奏曲〉、〈冤情告白〉，一九九四年四月），以及《島國顯影》第三輯（范燕秋撰文，一九九七年六月）出版後，陸陸續續有人以他為議題深入研究，對於他短暫的一生，才有了較完整的輪廓。

他是鄒族第一個就讀高等學校的學生，也是聶夫斯基編撰《台灣鄒族語典》的協力者、黑澤隆朝記錄台灣南管和原住民族音樂（鄒族部分）的協助者，更是廢除獸骨堂家屋葬及敵首籠的出力者，親自示範作物栽培和定耕，所以也是部落生活改善的推動者。一九四八年，成功向台南縣政府收回鄒族固有領域達庫布雅那（勃仔社，Takupuyanu），成立新美農場，所以也是原住民土地歸還運動的始祖。一九四七年，提出以官憲指導的台灣西部高山自治縣構想，所以也是台灣原住民族自治的濫觴。還是音樂的表演者、欣賞者、創作者。

父親自一九三〇年代於台南州嘉義郡阿里山蕃地達邦駐在所屬達邦蕃童教育所擔任教師起，開始創作歌曲。由於原住民學童喜歡歌唱，因此在各科教學和音樂科做連絡教學活動，如〈打獵歌〉及日本神話故事「Yamata no Orochi」（八岐の大蛇）歌舞劇（已失傳，但筆者還記得部分歌調及劇情）是典型的例子。四〇年代更將台灣民謠及日本流行曲配上鄒語歌詞，教唱部落民眾。父親在太平洋戰爭前後寫了許多歌頌山川、河流、遷徙、勞動、部落、親情的歌曲。而拘留在台北青島東路看守所的一年半期間，則寫了五十六封家書，叮囑家人如何應付突如其來的災禍，對地震、火災、山崖、毒蛇、河水等危險，更有詳細的指點。另外，也從師範時代閱讀的書籍《哈薇老師》及《理想家庭手記》當中得到啟示，想把學校造就成農村社會教育的中心，進而思考讓當時的鄒族部落（達邦、特富野兩大社）在官憲體制下適度自治的夢想，終戰後於新美、茶山開闢的集體農場，即是實現這項夢想的起點。一九四七年，提出台灣西部高山自治縣構想，後來被羅織匪諜、貪污等罪名而遭到槍決。

（左）嘉義尋常小學畢業與長輩合照的父親（矢多一生）。
（下）南師時代，父親與網球部同學合照（前排右一）。

第一個部落回憶

第一個部落回憶，就像六〇年代轟動一時的立體電影情節般，在黑夜的某地，人群穿越密林，一排排火炬在蜿蜒的走道上，和天空閃亮的星星相互輝映，何等完美的佈景啊！行列中突然有些騷動和不安，人們互相傳遞警戒消息，發現有大型野生動物緩緩接近，突然有隻獅子衝向人群，越過螢幕，彷彿出現在觀眾面前，嚇得觀眾驚叫……片名忘了，只記得是描述非洲烏干達鋪設鐵路時的工頭和食人獅的故事，該片標榜「時代的奇蹟，獅仔在你腿上，美女在你懷中」，印象深刻。

就像前面所說的景象，一群鄒族人舉著火炬，行進在特富野大社古道的情景，雖然有些模糊，但被高大而強壯的人背負

（左）父親出生的一九二〇年代，鄒族女性的平日穿著。（宮岡真央子提供）
（下）一九〇五年拍的聚落寫真之一。（宮岡真央子提供）

的感覺，以及沿著山谷小徑看到了火炬行列上下左右晃動的樣子，很像那部電影的片段，只是沒有雲豹之類的台灣猛獸襲擊前進中的行列。這可能是我最早的回憶片段吧！而當時背負我行走山徑的人，應該是父親，一行人應該是在參加原住民村落宴會的歸途中。

嘉義強震

現在高家老屋的大門前，原來有一塊大石頭，頂上的斜面平台足供三、五位小孩攀爬遊戲，當時年幼的我已記不得是怎麼上去的，跟著大夥兒在石頭上嬉鬧。突然，天搖地動，哥哥、姊姊們早就蹲下或俯身，只有我搖搖晃晃，差點從石頭上掉下。那一天是一九四一年十二月二十四日，嘉義地區發生芮氏七．一強震，深度十公里，屬於淺層地震，草嶺（北鄒伊姆茲社對面）嚴重走山後，形成堰塞湖，一直到一九五一年因大雨流潰消失。一九七九年八月十四日，草嶺堰塞湖再度因豪雨沖擊致使土方崩塌形成，但同月二十四日即潰堤消失，帶給清水溪下游內寮、桶頭、林內、斗六一帶很大的災害，剛完成的潭底土石壩工程不堪一擊，一夕被沖垮，擔負築壩工程的工兵營一百三十五名官兵當中，有七十四名犧牲了生命，而梅山公園的草嶺殉難紀念碑詳述了這段始末。

當搖晃的同時，突然聽到有人大聲斥責的聲音，比地震還可怕。等搖晃靜止後，我們這群頑童馬上離開大石頭，往剛剛聲音來源跑去，從高處看到安式家族的長老怒目切齒、仰望天際，但已經停止怒罵，情緒也稍微平穩下來。

鄒族認為瘟疫、地震、大水等，都是惡靈所為，長老剛剛的動作，就像日本相撲選手於比賽前的左右頓腳，同時大分貝辯解和斥責：「我們聚落沒有冒犯祢！為什麼讓山崩地裂，房屋塌……」其實不只是安家，周圍的各家都是一樣的動作，外人第一次看到這種狀況，一定以為是巫師起乩或什麼的。

給油巴那（Keyupana）

傳說特富野和達邦原來為同一大社，後來兄弟鬩牆，分別在長谷川溪東、西邊建社，一直維持既競爭又依賴的微妙關係。有一次，敵對的部落看上較弱勢的達邦社，趁大社慶典機會，在距離四百公尺的一塊大石頭旁卸下裝備、食物，預備輕裝襲擊達邦社。居高臨下的特富野大社，早就掌握先機，一面派人奔相走告，一面在山頂吶喊叫陣。入侵部族失去偷襲的先機，一時又陷入兩面包抄的困境，顧不得裝備、食物，沿著伊西基阿拿（Isikiyana）溪向東南深山逃逸。對方卸下的背袋（網袋），鄒語叫基烏布（keyupu），因此當初卸下這些東西的地方，就取名為給油巴那（Keyupana）。

日治時代初期，給油巴那只有四戶人家，依次是毛氏（Moeoana）、楊氏（Yakumangana）、安氏（Yasiyungu）和方氏（Tapangu），都屬於達邦社系統亞氏族。一九二〇年代，特富野系統的高氏（Yatauyungana）、鄭氏（Teyakeyana），因擔任公職、為了上班方便而來此定居，於是這裡就成為小而密集的典型鄒族聚落。一九四〇年，我生於給油巴那，是父親在達邦駐在所擔任教諭的第十年。三個姊姊總是奚落我說是在雞舍生的；算一算我五月生，在記憶裡，日式檜木結構的房子後面有類似平埔族竹子和白灰結構的房屋，後來改為農具間和雞舍，難怪她們調侃我說是在雞舍生的。那時達邦本部落除了阿里山蕃達邦駐在所（警察單位）、蕃童教育所（國小）、療養所（衛生所）、交易所（公設商店），以及幾間模範住宅外，全都是傳統的鄒族茅屋。警察駐在所當時由福島警部擔任主管，以下有幾位日籍和原住民籍巡查、警丁，及日籍教師、公醫，包括現在的達邦、樂野、里佳、來吉、山美等村，所有行政、戶籍、教育、醫療等，都在駐在所管轄之內。對外連絡可以用手搖式警用電話，交通則完全靠步行。阿里山森林鐵路未開通前，北鄒對外交通有兩個路徑，一條是里佳、山美、樂野等村莊的民眾，沿著八掌溪山麓，越過隙頂山、小公田、大公田、觸口，到嘉義。另外一條是達邦、特富野、來吉村落的民眾，沿著阿里山溪翻過草嶺，抵達竹山、斗六一帶。一九一〇年（明治四十三年），阿里山森林鐵路完成，嘉義山區民眾都由鄰近車站出入。原住民居住地區，同年也修建三條主要道路，第一條是梅山太和（蛤里味），經過阿里山鄉來吉村（流流柴社），到十字路車站，約二十公里；第二條是竹崎鄉奮起湖車站（頂笨仔庄），經過阿里山鄉樂野村（流勞社），到山美村（砂米萁社），約二十公里；第三條從十字路火車站，經特富野（知姆勞社）和達邦（達邦社），到里佳村（頂笨仔社），也是二十公里長，從此步道和鐵路構成新的交通網，物資的流通展開新局面，奮起湖和十字路驛儼然成為高山市集。

一九六〇年代給油巴那聚落，中間為高氏老屋。

日治時期木造達邦警察駐在所就地改建成達邦派出所。（高英傑攝）

唯二留下來的日治時期設施之一——達邦彈藥庫。（高英傑攝）

原鄉公所改建為「鄒族自然及文化中心」。（高英傑攝）

傳統的茅草屋

距離老家一百五十公尺的地方，有一棟傳統茅草屋，是毛氏家族所有。早期傳統的家屋有兩層藩籬，外圍是低矮的石牆，裡面則有約一公尺半的石牆兩處，一為本家屋，另一處為豬圈。本家屋的石牆是防範外人侵入，而豬圈圍牆則反過來是防止豬群逃出。通常豬圈範圍比本家屋大很多，採取半放飼的家豬，體型瘦長，生性兇猛，除了飼主之外，他人一接近就會有攻擊態勢，豬圈周圍則種滿了仙人掌和老藤。本家屋以石塊作基，泥土為地，原木為主柱，茅枝或竹子為牆，屋頂則以茅草覆蓋。本家屋有獸骨堂、置物倉、穀倉、床鋪、爐灶等，距離本家屋不遠之處為禁忌之屋，是祀奉小米女神的地方。

離開大社開拓新農地或狩獵的小社茅屋居所。（宮岡真央子提供）

一九〇五年大社小型住家。（宮岡真央子提供）

一九〇五年大社居民合照。（宮岡真央子提供）

會講話的盒子

老屋的設計據說採日本農舍建築形式，房子有玄關（日式住宅前門）、客廳、床間壁龕、壁櫃，以及三間榻榻米房間外，尚有寬敞的簷下走廊，銜接工作間和農具室。那時，部落擁有留聲機的人很多，因此聽到了不少當時歌手霧島昇及密斯哥倫比亞（松原操）所唱的流行歌、戰歌、童謠，甚至拉丁探戈舞曲等。雖然嘉義市區和火車站被盟軍轟炸，成了一片廢墟，大部分的平地學童到鄉下和山上「疏開」，但聚落的孩子們卻無憂無慮，感受不到生活的艱辛、戰爭的痛苦，依然享受著音樂盒子傳出來的「桃太郎」、「剪舌麻雀」、「狐狸和兔子」等兒童故事和童謠，甚至也接觸了「肉彈三勇士」等愛國宣傳故事。

八岐大蛇（Yamata no Orochi）

有一天，父親在老屋前面的空曠地教導幾位學生表演日本神話故事「八岐大蛇」歌舞劇，這是第一次知道父親原來是台南州嘉義郡阿里山蕃地達邦駐在所的甲種巡查兼教育所教師。日治時期，一般學校由教育行政單位管轄，唯獨蕃地的教育是由警察單位主管。父親平時雖在福島警部麾下，但遇到慶典時，穿著文官服飾及佩帶文官劍，顯然官位職等比日本人高。「八岐大蛇」的劇情是說：三千多年前，大蛇擾亂地方，給百姓帶來災難，為了生存，百姓不得不每半年送一個十六歲少女去祭八岐。後來天照大神的弟弟須佐之男命，聽說了關於這八條蟒蛇害人之事，於是決定去斬殺八岐。他以村裡僅剩的十六歲少女奇稻田姬當誘餌，將大蛇引到一座特製的屋子外，然後跳進屋子，蟒蛇從牆上的八個洞把頭伸進去，卻聞到酒的香味，貪心的蟒蛇喝得酩酊大醉，須佐之男命乘機將蟒蛇的八個頭斬了下來，並在蛇尾發現了一把長劍，就是名劍「草雉之劍」。當時，學生們用疊羅漢方式組成的八個頭，以及貪心喝酒後酩酊大醉的蛇頭被勇士斬斷的情景，還有那個背景歌曲的旋律，至今都仍記憶猶新。

祖父阿巴里

鄒族大社（達邦、特富野、伊姆茲）從前與洪雅平埔族和漢人接觸，通常是沿著清水溪往北經過草嶺、竹山，到斗六門柴裡社交換生活用品。後因辦理原住民事務的辨務署從林圮埔（竹山）遷到嘉義街，祖父就改循砂米箕小社（現在的阿里山鄉山美村，原為自主大社，曾與入侵現在社口地區的漢人對抗，據傳吳鳳就是砂米箕社的人殺害的）的出入方式到平地。

據傳，嘉義日軍訓練場附近經常可見穿著原住民服飾的年輕人徘徊，起先以為是要窺探訓練場而將其驅趕，後來次數越來越頻繁，距離越來越近。有一天，年輕人突然手握木棍，模仿起士兵的動作，無論是齊步、跑步、跪下、匍匐前進，樣樣

一九○一年，祖父阿巴里（前排中）迎接第一批前來鄒族部落的日軍。（早坂明男提供，前排右二的早坂德四郎是明男的祖父）

都做得符合日軍標準；日軍隊長大為讚賞，要他加入行列，而這個年輕人就是我祖父阿巴里。

鄒族部落對統治者的認知相當務實，過去深知滿清統治者力量強大、兵士眾多，一味對抗如同以卵擊石，反而不利，所以睿智的長者，探聽和觀察漢人在一八九五年後抵抗日人的狀況，斷定日軍威勢比滿清更壯大、武器更精良，所以達邦社頭目宇旺・扁西（Uongu Peyongusi）率領族人前往林圮埔撫墾署（當時在雲林支廳內辦公）談判後，表明歸順。既然是談判，族群各社遂召集了約一百名全副武裝（弓箭、戰鬥番刀、茅、槍枝）的壯丁前往。談判結果相當順利，據說因此舉辦了多項餘興節目，有歌唱、相撲、奪旗、賽跑等，雙方各有勝負，最後是不對等表演，十個徒手的鄒族壯丁站在十個持木槍的日本士兵前，一聲令下，木槍刺向壯丁，壯丁震懾退後，只有祖父阿巴里向前一步奪槍，留給當天觀看者深刻印象。

日人試膽的傳說，是來吉部落石家老前輩親自對我說的。

比較接近的事實應該是——

一八九九年（明治三十二年）一月三日，知母嘮大社（現在的特富野）的九名原住民，在同社物品交換者漢人鄭德明的引領下，來到嘉義辨務署（原撫墾署），阿巴里（二十一歲）宣告：此番我希望留在署內接受教育。而日本人則以教育實驗目的，讓他滯留署內，並贈送「小倉洋服一件、法蘭西帽一頂、內地襌一件、烏布給等」。同月十五日，達邦社巴斯拉（十八歲）跟著來署裡修習，二月二十日，特富野的吾雍也加入，署方聘請老師教授他們日本尋常小學一年級的課程，有單語、算術、會話等等。後來巴斯拉因結婚而中止學習，阿巴里、吾雍則學習了一年時間，署裡對他們兩人的評語為：「彼等二人在學習上比內地尋常小學一年級學生進步神速，在教學方面並沒有遇到某些程度的困難。」

爾後，祖父於一九〇〇年七月十二日至十月五日，由台南州嘉義郡第三課科長石田帶領，從台南、澎湖島、基隆、台北、神戶、大阪、東京、仙台，做一世一代修學旅行。回部落後，擔任日警駐在所巡查補，並參加八通關撫蕃戰役及後大埔土匪討伐，成為日本人和鄒族的溝通橋樑，是日治初期鄒族的指標性人物。

已廢社的基布烏小社，現成為竹林和咖啡園。（高英傑攝）

父親額角的疤痕

一九一一年左右的某一天，曾文溪邊的基布烏（Cipuu）小社，為了一個家庭鋪蓋屋頂的作業而異常熱鬧。按照鄒族分工合作的慣例，住在附近的族人都前來協助，此外，有親戚關係的，近如達邦大社、竹腳小社、角端小社，遠如特富野大社、樂野小社，也都有人參與。

先將老舊茅草卸除，少數人在現場穩固或汰舊屋頂的竹製支架（台灣高山原生綠竹，質地平直，竹筍不能吃），其餘則全部前往附近採取五節芒，大約人手環抱為一綑，再肩扛到作業現場堆積。也有一些人到地勢較平的地方砍除細茅草。

作業開始後，底下的人將一綑一綑的五節芒草往上拋，從最底的屋簷處慢慢層疊到屋頂，直到其厚度足以承受數人在上面移動為止，最後再用芒草加以修飾。大功告成後便開始飲宴，而這當然少不了自釀米酒、野味，應該還有二公升的瓶裝日本酒，因為聽後來開挖達邦公路的工人說，在已廢社的地點挖到了現在少有的二公升酒瓶。

飲宴如火如荼進行之際，不知誰提議到距離聚落斜坡道約一百五十公尺的曾文溪主流炸魚，祖父也是同行者之一。祖父年輕時曾居住在基布烏部落，少年時到特富野大社高氏族依親，後來到客家聚落蕃薯寮附近的巴沙那小社（Pasana）娶妻生子（三男一女），當時在頂笨仔社（現里佳村）擔任巡查補。在當天炸魚時，祖父因閃避不及而喪命，傳說當時有部分鄒族人從台南平埔地區過來，而平埔族有不將意外死亡的族人遺體抬回部落的習俗，因而草草掩埋於河邊。意外發生後，飲宴繼續進行，但人們將上衣反穿成黑色，場面變成了靜默哀戚的弔慰守夜宴。

按照當時族裡的習慣，未亡人必須盡快再嫁，當時大伯、二伯皆已成年，由日本人送到嘉義街（嘉義市舊稱）的馬場工作，祖母 Asako 則帶著父親和唯一的姑姑再嫁到特富野的杜家。據說繼父對義子女非常嚴厲苛刻，我們真難想像父親曾經是個受虐兒。姊姊們曾經問父親有關他眉角疤痕的事，他總是笑著說是不小心跌倒的，但是紙包不住火，部落的女性長者將父親小時候的受虐真相告訴了姊姊們。

杜家義父活得很久，連我都有一絲絲印象。他在祖母過世之後又續絃，么子和我年紀相仿。父親不計前嫌，培育同母異父弟弟杜孝生唸台北帝國大學附屬醫學專門部，成為鄒族第一位醫生。

披肩（鞣皮術）

小時候常到老家下方的安氏（Yasiyungu）傳統鄒族住宅遊玩，看到男士們在編製簍筐、結網袋等，而印象最深的是皮件製作。台灣原住民使用皮件的，可能只有布農族和鄒族，而鄒族還比布農族使用廣泛，包括皮靴、後敞皮長褲、火石袋、皮帽、披肩、皮雨具、皮長袖長衣等等。除了部分披肩和皮雨具是硬皮製作之外，其餘皆為柔軟皮件。製作過程大略如下：將獵物的皮肉分開後，切除四肢和頭的部分，使用桂竹架框，上下左右拉成四方形的原型皮毛，風乾多日後從框架上取下，用搔皮具刮搔獸毛，並反過來搔取附著在反面的餘肉。對鄒族來說，獸皮可做成衣料及其他物品，所以鞣皮作業會專心進行，將因蛋白質乾燥而硬化的原型皮毛，以獸脂軟化後再用水柔軟化，接著再用綁在樹上約二公尺的竹片剖面稜角來回搓揉，除去水分；這個過程需要兩個人，而且要重複數天才能完成。最後將製品掛在頂棚風乾，裁剪成各種皮件。軟化過程也可放在臼裡以杵打軟，但據說品質較差。

人工皮製鄒族傳統皮鞋。因長鬃山羊、水鹿已列為保育類動物，無法取皮，鞣皮術恐怕成為絕響。

披肩和附屬品。

族人上山打獵必備

火具是打獵人最重要的物品，在還沒有火柴的時代，都帶打火石，要隨時起火。另外，攜帶火種前往獵地也是一種方法，將灰燼放在有蓋且塞滿灰的竹筒裡，讓它暫時穩定，到達目的地之後，倒出來吹一吹就起火了。從前，鄒族各家族各有固定的獵場，為了方便在獵地過夜，各自建立獵寮，所以寮內也備有起火器（鑽木起火），以備不時之需。而獵刀則是萬能工具，大至砍伐樹木，小至刮落獸皮毛，可說功能萬千。在鄒族對外以物易物的時代裡，交易物品以鐵器和鹽巴為主，雖然中海拔山林有許多羅氏鹽膚木，細小的果實內含有鉀鹽，可作為鹽的代用品，可惜它有季節性，遠不如海鹽好用，因為肉品的醃漬與獵人體力的補充都非鹽巴不可。

竹筒飯

竹筒是烹煮、烤熟及存放食物的用具。過去鄒族人上山打獵時，都會攜帶竹筒，方便盛裝食物，食物用完後，又可拿竹筒烹煮或存放獵物。裝在竹筒裡的食物，最經典的是竹筒飯，起初的竹筒以台灣原生綠竹為主要材料，烤熟的竹筒飯並非像現代竹筒飯是條狀的，而是散開的。以前的竹筒飯並非完全用糯米，而是由旱稻米、小米等攪和而成，所以打開竹筒後米粒不會黏在一起，是散的。後來不曉得何時開始使用桂竹製作竹筒飯，作法是將米放入一年生的桂竹竹筒內，以火烤熟。因為一年生的桂竹含有水分與香氣，加上有特別的竹膜，煮出來的飯有天然包裝，更是香氣十足，可以說是獵人的主食。竹筒也可以用來煮蝦、煮魚，並存放煮熟的食物。原味竹筒飯建議以糯米不加味為原則。台灣大型原生竹子，除了刺竹和綠竹（不同於生產小竹筍的綠竹）外，其他的孟宗竹、桂竹、石膏竹、麻竹，都是於日治時期引進的外來經濟作物，來到聚落已經有百餘年。

鹽的代用品羅氏鹽膚木果實。（高英傑攝）

禁忌和徵兆

從前在部落裡，禁忌一籮筐，冒犯的人會遭來嚴厲斥責，但到我孩童時期，已不再那麼嚴厲。我記得的禁忌有以下幾項：小米收穫祭期間，除了採集薪柴之外，不可以從事其他耕作，也禁止外人進入社內，否則播種時會帶來蟲害；若要巡視田地，一天只能巡視一次；除第一天之外，不宜接觸魚類；此外也不可以吃蔥、蒜、生薑，禁止大聲喧嚷和歌唱；走路途中遇到人時打噴嚏，是很大的忌諱，雙方應盡可能終止今天行事，返家靜息；祭典日前後，夫妻不可親熱。日月暈是大雨來臨之兆。於路途中遇到蛇蜥類沒關係，但若遇到山貓、狐狸，則是大凶。路上看到山羌脫落的角是不吉利的，諭示自己或家人將禍事臨頭。看家狗不顧家人阻止於夜間長吠，是有人將要過世的前兆。繡眼畫眉長聲啼叫，是兇敵來襲的徵兆。公雞於黃昏啼叫是不吉的徵兆，應立即宰殺分給家族食用。以現代人的眼光，以上這些禁忌可能都是無稽之談，不過當時的人可是相信的。

夢卜

除了禁忌之外，部落至今還有以夢解釋某件事的習慣，這就是所謂的夢卜。如果夢見有人死亡，就是那人將長壽；夢見日月是吉利徵兆，而夢見樹枝折斷意味著朋友即將過世。如果墜落水中，是火傷徵兆；墜落山崖則是父母兄弟姊妹死亡之兆。此外，夢見大風是地震的預兆，相反的，夢見地震是大風的預兆。夢中被蛇咬則會被狗咬，反之，夢見狗咬則會被蛇咬；如果夢見墜落河中，可能會遇到灼傷，而夢見火災是傳染天花之預兆。夢見美女或飲酒，是獵物豐盛的預兆，還有夢見夫妻吵架或與他人吵架、打架，都是疾病的徵兆。

室內埋葬

長輩告訴我們，部落曾經有過室內埋葬的習俗，也禁止我們接近。室內葬是南島語系特有的埋葬習俗，鄒族將死亡者分為善終及惡死兩種。善終者在彌留狀態時，便需將其從床上移到房屋中央的月桃蓆上，斷氣後將身體彎曲成N字型，並用黃藤捆緊，用番布包裹。接著，親人在室內挖掘約一百五十公分深的墓穴，將其掩埋，穴上覆蓋石版，掩土踏實。直到日治時期，這項傳統習俗才被廢除。

獸骨放置堂

獸骨堂是儲存狩獵物下顎骨與水鹿犄角的地方，通常設置在房屋角落，以野豬及山羊頭骨占多數。已經長出獠牙的公野豬和台灣熊，是最兇猛的獸類，部落勇士通常不用陷阱，而是用長矛、番刀，一對一對地面對，表示英勇。之後為了炫耀戰果，會把獵取的熊皮縫在皮帽邊緣，用野豬牙製作腕飾，將顎骨放置在獸骨堂內。族人相信每一個獸骨都有神靈依附，會保佑家戶繁榮平安。因此，日本當局提出廢除獸骨堂時，受到保守勢力很大的反彈，甚至說要對付推動廢除獸骨堂的人。所幸，一九三二年阿里山成立達邦青年團，由父親擔任團長；青年團的工作大致上有「破除迷信」、「開墾荒地」、「推廣作物」、改善「室內埋葬」、廢除「獸骨堂」、「神前結婚」等，屬於官方輔助團體。後來，父親獲得部落年輕人的協力，部落改革也進入新的境界。

特富野大社男子集會所Kuba（庫巴）的敵首籠。（高英傑攝）

我親眼看到達邦大社男子集會所雀榕下埋葬大約一百個日治時期暗藏、沒交出銷毀的頭蓋骨。（高英傑攝）

敵首籠

敵首籠設置於男子集會所左側簷下，放置有日治時期以前出草或戰鬥得來的敵人首級。只要到會所，在廣場往上看，隱約可看到白色骷髏，實在很恐怖。在太平洋戰爭期間，達邦男子集會所舉行重大儀式時，一群頑童好像蒼蠅嗅到肉味般趕過去湊熱鬧；這時集會所已擠滿盛裝的頭目、族人，以及穿著官服的人，父親指揮著年輕人，把敵首籠裡的骷髏搬下來，另外在雀榕樹（鄒族神樹）下挖掘深坑，把白骨一一埋葬。在處理完敵首籠之後，所有舊有陋習可以說完全廢除。後來把這些成果交給蔣介石政權，我認為是一件遺憾的事。

祭粟倉

位於老家下方的安家（Yasiyungu），除了樑柱及竹子編的牆壁之外，屋頂全由茅草覆蓋，是傳統鄒族家屋。我和部落的小孩常到安家屋外玩樂，主人對我們很和藹。有一日，安家主人叫我們進入室內；大家都很緊張，不知是否犯了什麼禁忌，就這樣坐在許多大人旁邊。主人清點完人數後就離開，接著即聽到刀切物品的聲音，讓我們更加坐立不安。隨後，主人提著籃子，把一塊塊肉分給每一個人。放心之餘，我們竟然忘了道謝就回家了。

相對的，如果我們到家屋另一邊的祭粟倉，就沒有這麼幸運，連在外面逗留，也會被嚴厲斥責。而且，那裡的禁忌很

特富野高氏族祭粟倉外觀。（高英傑攝）

多，像必須輕聲細語以免驚動小米神、不可打噴嚏、不隨便觸摸物品……因為那是祭祀掌管部落五穀作物的小米神的地方。倉內有檜木製作的三角形神壇，前有穀物等供品，牆上掛著長矛、刀具、農具、網袋、背籠等，這些用具只能在播種祭、收穫祭、戰祭時動用，使用之前還必須輕聲祈求：「小米神啊！打擾一下，我們動一下長矛……」屋內還有三腳火爐和床鋪（寢台），是提供長老在氏族夢卜吉兆時睡的。祭粟倉不是每戶都有，而是一個氏族（同姓氏）共有一處。

多阿巴基么（toa pakiyau）

鄒語多阿巴基么（toa pakiyau），原來只是收租的意思，後來逐漸成為漢人過陰曆年的代名詞。這種收租情形，日治時期之前即已逐漸消失。

梅山大坪（梅山鄉太平村）依舊留存著過去所訂的番漢界碑，菜公店、逐鹿以東，於清朝時劃為公田，相隔很遠的清水溪上游流流柴社（阿里山鄉來吉村）對面的蛤里味社（梅山太和村）附近，也規劃為公田，這些都是租給漢人的鄒族土地。後來不管是被搶奪或者所謂「和平轉移」的，這些地方都成了地名（阿里山公路附近有大公田和小公田）。至於和平轉移的，傳言雖然很多，但雙方都不想提起爭執的往事。

梅山瑞里村史記述了有關和平轉移的事實——

嘉慶年間，瑞里若蘭山莊鄰近的幼幼林、科仔林及九芎林一帶，還留有九戶鄒族達邦系統的住戶，過著漁獵、手鍬耕作的生活，從大坪和竹崎頭方面來的漢人，以槍枝、火藥、火柴、小鍋（鄒語 tankiya），以及每年過年時回原住地收租的承諾，與這些住戶協議。回去收租，鄒語叫「多阿巴基么」，多阿（toa）是去、拿的意思，而巴基么（pakiyau）則是台語「賭博」的諧音，可能收租日剛好是陰曆過年，農事忙完的家家戶戶便以賭錢助興，而鄒族人也參與分紅吧！

「多阿巴基么」的日子一到，族人便帶著頭掛式或背掛式網袋，浩浩蕩蕩前往收租，隔天滿載而歸達邦部落。這個收租形式延續了多久已不可考，但確信日治時期已不復見。

見過天皇的吾雍（Uyongu Honte）

部落裡有一位聰明但整天喋喋不休的伯伯很會唬人，明明沒有的事，也說得天花亂墜，名字和父親一樣是吾雍。有一天，他得意洋洋地說：「我曾經憑鄒族傳統服飾和佩刀，隻身到台北和天皇（honte，台語皇帝諧音）見過面，沒有花費一毛錢。」前一段話可能是真的，因為別人也有這樣的例子，但是後面一段話，因為宮城在東京不在台北，所以這個大牛皮就不攻自破了。倒是這個人，回到部落把到台北的事重複說個不停，大家聽得不耐煩了，乾脆給他取個綽號叫作「見過天皇的吾雍」。

阿古雅那警部

流流柴（來吉村）部落有一位叫莫琭·阿古雅那的人，族人給了他「莫琭伏那伏那烏」的綽號，意思是「這個人就是頭腦恍惚的莫琭」。此君雖然精神不正常，但從來不害人，整天穿著向十字路車站站務員和巡查討來的舊衣帽，佩上自製的木劍，到各部落巡視，比當時達邦駐在所定期的「蕃社巡迴」更頻繁，還一邊走一邊唸唸有詞：「不可以鬧事！不可以打架！」有些孩童被他的表情、服飾及佩刀所懾，遠遠看到他的身影，就會先行迴避，避免無謂的麻煩。但是我的二姊貴美就沒那麼好運了。有一天，她和玩伴到特富野路口採野百合花，走到約長一百五十公尺的達邦大鐵線吊橋的中段時，才看到阿古雅那警部的身影，大家前進也不是、後退也不是，只能躡手躡腳慢步前進。警部很快就來到她們面前，以柔和的聲音說：「送給妳們一份禮物。」一大包用姑婆芋葉包起來的禮物，蠻有份量的。大家這才放心，姊姊也照老師教的禮儀，雙手捧接，而且行九十度鞠躬。不過，似乎高興得太早，警部突然用幾乎喊出來的聲音要她打開禮物。姊姊用顫抖的小手一張一張剝開姑婆芋葉，翻開第六片葉子時，才看到禮物的內容——兩片橘子肉。姊姊聳聳肩，無奈地看著裡面的東西。不知是哪位玩伴先噗哧一笑，接著大夥兒也管不了那麼多了，跟著笑出來。沒想到這位警部也跟著哈哈大笑。搖晃的吊橋上，小孩、大人的笑聲充滿整個山谷中。

禮儀作法

母親說她在十五歲時，被日本人挑選到平地學習所謂的「禮儀作法」。同一批約有十人，有的到糖果店、豆腐店等商家，也有到官員家中學習的。短期學成後回到部落，做家政、衛生習慣方面的表率。藝人湯蘭花的母親（我的三舅媽）及田麗的外婆，都是同一批學習「禮儀作法」的人。她們端正的五官、白皙皮膚、說話的態度和氣質，在終戰後原住民和漢人交往頻繁、仍用日語交談期間，常被誤會是戰後留下來的日本婦人。

禮儀作法（家政習作）結束後回到部落的鄒族少女和長輩合照，
左一是我的母親。

罐頭食物

森林鐵路通車後，除了部落原有的官立貿易所提供日用品外，步行七公里外的十字路車站，也有人開設雜貨店，據說眼藥水、胃藥、征露丸等都有，鄒族人經常帶著天門冬、愛玉子、獸皮、猴骨、鞭類等物，前去交換日用品。當時，天門冬、猴骨及鞭類，應該就是日本人所說的「漢方藥」，入藥用的，所以常有人兜售這些物品。

有一天，住在特富野的長者，到車站兜售猴骨，對站務員說：「岩井先生！岩井桑！你要猴子嗎？」並加重語氣再說了一次：「猴子！」岩井站務員連看都沒看，就回答說：「我要喔！我要飼養牠。」「不好意思，我們已經啃過了。」

也聽說鄰居婦女在吊橋下採收魚蝦陷阱裡的收穫時，平白從天上掉下來五罐日本知名的「福神漬」罐頭，然後依稀聽到咒罵聲，原來是鄰居K君從十字路買了不明物，生氣地將其丟到橋下，好在沒打到正在捉魚蝦的婦人們。回家後，鄰居婦女將罐頭還給K君。K君抱怨說過去買的罐頭，外包裝上有魚的圖案就是魚罐頭，有豬仔圖案就是豬肉罐頭，而這些罐頭卻看不出到底是什麼肉？難不成是人肉！大家跟他解釋說這些都是醃製蔬果的罐頭，外罐上畫的也都是日本神仙圖像，除福祿壽神拄著拐杖、外表瘦削外，其餘都像彌勒佛般福相，蓮藕罐頭上畫的是「大黑天」，紫蘇是「并才天」，薑是「毘沙門天」，黃瓜是「福祿壽」。經過大家的解釋，K君明白了，開罐後果然是醃漬蔬菜。

而這也是從漁獵時代大跳到工業社會的鄒族，價值觀很難一下子改變的寫照。

大社版「河童」

北鄒部落都位在河流邊緣，來吉社及伊姆茲社在清水溪北岸，南投縣的久美社在陳有蘭溪高地，達邦、特富野、樂野、里佳、山美等部落則在曾文溪上游台地建社，所以孩童們個個都是游泳能手，喜歡到河裡戲水。雖然部落的大人們唯恐發生意外而嚴厲管束，但是效果並不好。農忙期間，包括我在內的頑童，都趁著大人不注意時，偷偷到河邊戲水。部落裡有不同的水鬼傳說，據說會將游泳或接觸水面的人拖下水，也有類似漢人傳說的替死鬼，警告大家不要到河邊遊玩。但是聽過有趣的河童（日本）故事的孩子們，覺得水鬼就是「河童」，蠻可愛的，所以不理會大人的話。另外，大人吩咐我們如果一定要下水，必須先做驅水鬼的動作，就是把河邊小石頭連續往河的中心丟去，口中唸唸有詞：「水鬼退去吧！水鬼退去吧！」接著投擲更大的石頭並大聲咒罵水鬼，聲音越大越好，一段時間後才能放心下水。祖先想出這種驅鬼方式，不就是現在所謂的暖身運動嗎？石子投完，筋骨的活動也完成了。

有一個大晴天下午，大姊菊花帶著部落的一群孩子，依舊沿著達邦鐵線橋旁的小路，鬧哄哄地抵達河邊，驅鬼後下水游泳。當大家都玩得高興時，河流下方傳出怪異的聲音，起初是低沉而短暫的抖音，有如大喇叭聲，接著出現拉長且類似動物呻吟的怪聲，頑童們趕緊離開河面，但是上方也出現了同樣的怪聲。這一群飽受驚嚇的兒童，開始奔跑，五歲的我和十四歲的大姊菊花，顧不了別人，一路逃離現場，哭聲、叫喊聲充斥在山間小路上。後來有一段日子，河邊都看不到小孩的蹤影。之後得知，這次鬼怪聲的導演兼主角是父親，配角兼聲音效果是湯川三雄（Mitsuo）叔叔。他們對著粗大的麻竹桶吼叫，用變造的人聲來嚇小孩。這種嚇人而達到目的的方式，以現在教育觀點來說，也許不是適當的方法，但以那時的部落時空背景來說，也是一種選項吧。

青年道場

現在鄉圖書分館和二二八紀念碑的所在地，原本是日治時期的「青年道場」。青年道場這座長方形的木造建築物，靠北方有挑高的神龕，供奉主祀神。神道教是日本古老的宗教，戰爭期間幾乎成為日本國教。小時候猶記得道場裡有劍道、柔道等的練習，神龕對面的櫥櫃裡擺有木劍、木槍、金屬護面及護身，還有類似盔甲和日本刀架的擺設。這是山區唯一的道場，因此常見其他部落「青年團」的團員使用這裡的設施。有一年，部落青年以軍伕身分加入「高砂義勇隊」，有一位未滿十八歲的B君，因隱瞞年紀而獲准應召。他的聰明伶俐，讓他在青年同儕中嶄露頭角，被視為部落的明日之星，又和我家是遠親，所以當時擔任教育所教師的父親極力反對，但卻引起日

日治時期的青年道場現在是鄉圖書分館及二二八紀念碑。（高英傑攝）

部分跑道是過去的露天相撲場。（高英傑攝）

方與B君家屬的誤解與不滿，家父被迫在道場神龕前面壁思過一天一夜。鄒族的部落爭戰及馘首祭儀，在日治以後被嚴禁，他們利用阿里山森林的砍伐、造林、育苗等雇工方式，分散部落族人的注意力，暫時按捺住部落戰爭的思維。直到一九三七年「支那事變」之後，年輕人開始蠢蠢欲動。只是當時本島人（閩、客）及高砂族都還未取得日本國籍，只以「軍伕」名義擔任「島內勤務」工作，事實上就是日本兵。太平洋戰爭初期，日軍在馬來亞和菲律賓的勝利更激起從軍熱潮，認為是部落爭戰的延續。今天，雖然有部分東部、北部的原住民說是日軍強行徵召，但從口述歷史資料顯示，至少鄒族於戰爭初期的參戰者認為是「無怨無悔」、自願的。

不尋常的雷聲

記得是硫磺島激戰前後，在晴空萬里的高空，有很多銀色閃光，那是編隊飛行的美軍軍機。不久，嘉義市方向傳來悶雷聲，部落的民眾議論紛紛，因為雷聲不可能這麼規律和長久。原來，嘉義市再次受到轟炸，而且比以往更大規模，從嘉義車站到北門車站間新興的菁華區和森林鐵路的貯木場，無一倖免。據說，美軍這次使用燒夷彈，對無辜的民眾造成很大的災難。嘉義市自一九四四年起遭受連番轟炸，是有原因的，因為嘉義航空部隊和虎尾航空部隊就在附近，市區又有紅毛埤彈藥庫及化學工廠（現台灣中國石油公司溶劑廠），又是台灣鐵路本線和阿里山森林鐵路及北港線、朴子線鐵路的交會處。當時，除嘉義之外，台南、高雄的傷害，甚至超過嘉義。大部分學校等於無限期停課，因為民眾都到鄉下疏開（sokai），當時就讀台南市南門小學的大姊喜久子（高菊花），也回到阿里山小學。據說，那時候附近的漢人聚落，處處可以看見臨時居所，應該是為了避免空襲之苦吧！天空到處是美軍飛機，有一天，難得看到一架我方戰鬥機低飛盤旋在部落上空，好像是要來安定部落人心，民眾也趕緊拿起「日之丸」旗，高呼萬歲！萬歲！局勢對我方不利，但民心士氣依然高昂，磨利蕃刀，削尖竹木，準備島內決戰。雖然這樣，日本還是無法避免戰敗的命運。

防空壕

美國飛機起初只是沒有護航戰機，而且飛得很高很高的飛行編隊，大人說它們是一群帶炸彈的轟炸機，看起來是小飛機，後來知道它們至少是四個螺旋槳的新型B-17，甚至是B-29，大概順著北回歸線飛往嘉義後，再飛往全島攻擊目標，時間大約都固定在上午九點左右。

那時是完全靠目視的時代，瞭望者看到因陽光反射而變成銀色的敵機機群時，立即拉手搖警報器。無論機關學校或家戶，都有自己的防空洞，聽到警報後，大家隨即進入洞內躲避。因為編隊飛得很高，而且每次都沒有攻擊行動，民眾對躲警報的事也就慢慢鬆懈下來。有一次，警報一響，但大家卻無法進入防空洞，因為綁在屋後的黃牛被警報聲驚嚇而脫繩躲到防空洞裡。警報解除之後，大家用盡了辦法，就是無法讓牠出來。據說牛隻不會倒退走。後來張姓的客家人告訴我們一些竅門，也就是先在牛隻左後足綁上繩子，用力拉半尺，牛隻因為身體重心移位，右後足便自然而然退後，而為了保持身體均衡，前足也會後退。重複了幾次之後，牛隻終於出洞了。耕牛也會躲警報的消息，就是這樣來的。

修練生

一九五〇年（民國三十九年），第一批台中師範簡易師範科（四年制）畢業的準老師們回鄉服務，有高隆昌、高隆盛兩兄弟，還有楊信富、梁義富、武義享、浦一世、溫初昌，女性則有高菊花、方梅英等。時代潮流劇變，要帶領從漁獵時代的境界跟上定耕農業，更跳躍接受工業的新時代，還要教導族人脫離日語，進入華語教學，他們這一批老師的確是鄒族現代化教育的先進。同屆輟學的汪玉蘭，後來也成為部落頭一批在地的助產士，鄒語叫 Sanba-san，其實是日語「產婆桑」的譯音。他們可說是改朝換代時期的寵兒，尤其男性躲過「高砂義勇隊」徵召前往南方戰場的命運，是何等幸運的事！一九四四年，在戰場失利的日軍，為了補充兵員，擴大徵召少年兵準備投入戰場，除了達邦本部落之外，頂笨仔社（里

堂哥高隆昌（左一）接受修練生少年兵訓練，預備加入島內決戰。

佳）、砂米其社（山美）、流流柴社（來吉），以及拉拉烏雅社（樂野），凡十四歲以上男子，皆被集中到達邦部落，由九州熊本出身的岸本中尉和在十字路車站開雜貨店的日俄戰爭退伍軍人小掠（Ogura）上等兵主持訓練。這些少年們就是所謂的「修練生」，雖言為了「島內決戰」保衛家鄉之需，其實他們是隨時都會被送到戰場當砲灰的無助羔羊。小掠上等兵等幹部訓練嚴格，動不動打罵他們，少年們不堪這樣的折磨，據說多人在就寢之後暗中啜泣。當時的營區就位在莊家（Yifoana）和方家（Tapangu），亦即現在圖書館和運動場下方，男子集會所上面的國宅處，也就是在部落內。營區發生的事，家父及部落長老時有聽聞，但曾經引發青年道場「面壁思過」事件的父親，不想再和日本人、親日少壯派對立，只能和教育所同事交換意見。後來擔任過少年兵「教育所」時期級任老師的日籍女老師Sinobu（她父親為醫療所的公醫），流著淚懇求岸本中尉對待他們不要太嚴苛，說：「まだ子供なんだよ！」（只是小孩子耶！）而因為不當管教引起公憤之事，岸本中尉後來自行處分，有天清晨來到達邦神社（達邦國小後面，終戰後改為簡易自來水塔）砍斷自己的左手小指，祭血向天皇謝罪。小掠上等兵是射擊和刺槍能手，族人給他的綽號叫「Ogura pono」，鄒語的「pono」，是射擊之意，也就是說小掠（Ogura）上等兵是射擊的能手。

機槍掃射

阿里山小學的日籍老師川口，曾經前來達邦老屋和父親長談。據姊姊們後來告訴我，川口老師跟父親報告了戰況分析，父親極力安慰和打氣，但是他要離開之前還是說了一句重話，這句話我也聽到了：「日本這次一定戰敗！」

到過嘉義的人們說，高射砲陣地大都被摧毀，零式戰鬥機躲到甘蔗田裡，全島的重大設施遭轟炸，等於沒有防空能力可言，部落的所有人都已準備島內決戰。可能是日軍飛機無法攔截，美軍飛機編隊飛行的高度降低，飛機的形狀越發清楚，護航戰鬥機也出現了。

背後建築物為終戰後接收警察駐在所而成的鄉公所，右上角為達邦國小辦公室。

戰後在原日治時期「交易所」分配物資，秤量者為莊野秋先生。

有一天，我看到了燃燒中的敵機。又有一天，護航的美機（後來才知道是P-51野馬式戰機）突然離開機群，開始攻擊奮起湖苗圃、十字路車站、巴沙那聚落造林地；在苗圃泥濘池塘丟兩枚炸彈，掃射十字路車站即將進入隧道的貨車。那一天，巴沙那聚落的成人，大都被營林所（林務局前身）雇用在聚落附近的林班地砍草。野馬式戰機在十字路俯衝掃射的聲音極大，工頭大聲敦促大家趕快跑到山澗低窪地區掩蔽。大家還沒有到達定點，噠！噠！噠！機槍就掃射過來。大家安然躲避之後，糟了！我伯父還在奔跑；飛機對準伯父射擊，他也應聲倒地不起。飛機飛離前，好像也丟下了什麼東西。大事不好了！趕快跑過去看看，好在伯父身上沒有傷勢，只是嚇昏了。美軍丟棄的好像排笛似的彈夾和彈殼，隔天被伯父拿到部落炫耀如何勇敢面對美國飛機，不過嚇昏的事倒是從來沒提過，也不准別人提起。

蝙蝠

一九四五年戰爭結束後，阿里山蕃地的日本公職人員陸續離開，有的搭森林火車，有的步行經過公田庄，到觸口庄搭乘巴士前往嘉義集合，然後到高雄港乘船回日本。

日治時代就這樣結束，有人拍掌，有人哀傷，有人迷惑。遺留的物品，如炊器、桌椅、櫥櫃、燈具等，被集中於「役所」前，民眾井然有序地接收分配。

有一天傍晚，父親和日本朋友飲酒道別後，爬到我家老屋前面的樹上，手握樹枝，懸吊在那裡。這事驚動了鄰居，以為有人上吊。家人趕過去一看，原來父親穿著巡查黑色斗篷，很像蝙蝠掛在洞裡的模樣。看到大家過來，就慢條斯理地說：「台灣人不是很像蝙蝠嗎？荷蘭人來就變成荷蘭人；明鄭來就又變

成了明鄭人；清國來就改成清國人；日本人來，不得不做日本人；現在嘛，又要成為支那人了！」（註：使用當時的用語）

改朝換代

一九三七年，支那事變（盧溝橋事件）爆發之後，日本全國愛國情緒高昂，台灣全島各原住民族群也熱烈響應，父親那時擔任教育所教師兼甲種巡查，除站在國家政策及教育立場極力配合外，也讓愛唱歌的部落民眾，學習更多愛國歌曲和流行歌，凝聚愛國情操。不過，關於有許多年輕人有意志願從軍報效國家的事，父親採取比較保守的態度和立場。很遺憾，那一年志願從軍的手島敏郎（鄭敏信表弟）、湯川邦次（湯玉山大舅子）及矢多太郎（高太經堂弟）等三名，都是父親的親友，這件事讓父親左右為難，又好像被部落年輕人賞了一個巴掌，感到非常難過。所幸，從軍者僅擔任島內勤務；當時台灣人尚未取得日本國籍，只能以軍伕資格（二戰初期台灣人和日本人有區隔，二戰結束前才取得日本國籍），並沒有分派到中國戰場。一九四一年，珍珠港事件引起的所謂「大東亞聖戰」，更有近百位鄒族年輕人分批加入高砂義勇隊，出征南洋。直到一九四五年八月十五日中午，天皇陛下玉音播送之後，才知道日本已無條件投降。戰爭結束了，也宣告日治時代結束，由蔣介石帶頭的國民黨政府接收統治台灣，套一句中國話，就是「改朝換代了！」中國人承接日本人打下基礎的鐵道、公路、自來水、郵政、農田水利、製糖等設施。國民政府後來自誇的所謂「台灣經濟奇蹟」，如果沒有這些基礎，怎麼會實現？新的統治者，無論語言、文化、生活方式、價值觀等，和台灣人有很大的落差，台灣人要適應他們，還得要一段時間才行吧！後來，關於「二二八事件」，就有很多學者認為是這個落差引起的。

國歌和國旗

喜歡歌唱的我們姊弟，從耳熟能詳的日本歌曲如〈一月一日〉、〈五木搖籃曲〉、〈下雨天月亮〉，到從未接觸過的中國歌曲如〈草原情歌〉（青海民謠）、〈小寡婦上墳〉（滿州民謠）、〈孟姜女〉（江蘇民謠）等，雖然都是通俗歌曲，但感覺不一樣就是不一樣。同樣具有太陽象徵的旗幟，從前是「日之丸」國旗，現在換上所謂「青天白日滿地紅」的國旗。過去部落民眾慢慢學會的日本國歌〈君之代〉，都已琅琅上口，唱得輕鬆愉快，現在要我們唱原來是國民黨黨歌、如今成為「中華民國國歌」的新國歌，難唱、難學又難懂，一會兒廣東話唱腔，一會兒上海話唱腔，民眾難以適從，剛學習時都說是世界上最難唱的歌。

奇異的語言

生長在台灣這塊土地，除了日語及鄒族母語之外，多少接觸了閩南語和客家語，偶爾也會學幾句說說。第一批接收台灣的中國人，據說是講廣東話的人，和從前認知的語言有天壤之別，部落的人說比南京話更難接受。其實部落裡也沒人聽過南京話，倒是當時流行一時的夏野健一的唱片裡有一首歌叫「南京桑」，是野口雨情作詞，中山晉平作曲，歌詞裡說南京話是像燕子聲音的話，所以我們猜想，如果和燕子叫聲一樣，一定不是很好聽的語言。因此，接受廣東話的民眾和學生們，異口同聲說：「原來中國話是這樣喔！」大有失望之意。由於過渡時期，還沒有完整的課程標準，學校採取日語、廣東話並用的教學方式。稍微熟悉廣東話的台灣人，都上山擔任教員；他們一邊教學，一邊利用留聲機學習標準北京話。嘉義新港出身的林錫珪校長，是父親南師時期的學弟，擔任達邦國民小學校長時，教了我們多首日語讚美歌，讓我至今仍留有深刻印象。幾年後，會說日語的東北籍流亡學生，像王景山、陳貴琦等人，暫時分發到全島山地部落任教，他們不僅會說日語，還操標準北京話，部落民眾這才說：「中國話蠻好聽嘛！」開始認真學中國話。不過，部落的人總是不太相信他們，認為他們是國民黨特務，所以沒有像過去日本籍老師受到大家的歡迎。

復原戰士

有一天，學校旁邊的廣場聚集了一群人，原來是歡迎前往南洋諸島作戰生還的第一批高砂義勇隊勇士們回來。戰爭結束之後，他們滯留在美軍俘虜營一段時間，後來分批遣返，這天各部落都有歡迎會。等待沒多久，即看到他們穿著軍服的身影。雖然是戰敗國的士兵，而且長途跋涉五、六個小時的山路，但他們仍然踏著整齊的步伐走向大眾。帶頭的野田良秋（莊野秋）跟父親行軍禮，報告歸來人數。接著，大家擁抱，歡樂聲、啜泣聲此起彼落。高砂義勇隊有多人為國捐軀，未能歸回部落，其中一位 Tahara Yosinobu，在俘虜營被美軍誤會企圖逃亡而被槍殺，實在是非常遺憾的事。鄰居杜宿榮造（Tosuku Eizo），復原後隨家人耕作或打獵，閒時喜歡召集附近的孩童，對他們說說南洋諸島的風土人情，教唱幾首婆羅洲民歌，深得大家的歡迎。〈O tan to〉是他當時教我的卡農式民謠，也是我目前最喜歡的歌曲之一。

國民政府來台灣之後，以原日治時期阿里山蕃地駐在所為基礎，成立台南縣吳鳳鄉公所，父親為第一任官派鄉長，原警察駐在所更改為吳鳳鄉達邦警察分駐所，療養所更改為吳鳳鄉衛生所，教育所及公學校（樂野）更改為國民學校，分別職掌教育、行政、財經、戶政、警政及衛生等工作。為了填補日本人遺缺與增加的名額，凡是復原戰士和具高等科資歷者，都參加台南縣政府舉辦的短期講習所，儲備教員、行政人員、保健員、助產士及警務人員。除了師範學校出身或日治時期有公務資歷的漢人，分別擔任校長、教員及公務主管之外，其餘基層人員都是鄒族原住民，這和當時一般都市公務機關的主管及科長級與一般職員，都被外省籍人員壟斷的情形不一樣。

台東舞

一九四六年的某一天，聽說「台東舞」要來大社，我們一群小鬼們既興奮又期待，其實我們也不知道什麼是台東舞。

原來是父親在南師的學弟，當時擔任台東農校音樂老師的陸森寶先生，帶他們卑南族鄉親前來鄒族部落進行音樂舞蹈交流。父親很緊張，因為鄒族音樂以莊嚴的祭典歌曲為主，如同高山峻嶺輕輕搖曳的樹林，單調的四度五度平行和弦，與緩慢的舞步，雖然被學者譽為原住民音樂的瑰寶之一，但在歡樂歌舞之下，哪能抵擋如同海水波動的東部族群音樂？所以立即命令在公所服務的汪力田先生，召集年輕人共同創作快板歌曲。平時不擅創作的族人，竟然在短時間內完成一首旋律優美又符

（左）台東農校音樂老師陸森寶先生。
（日本矢多一生研究會提供）
（下）父親和南師學弟、卑南族的陸森寶老師，使用同一部鋼琴。

合鄒族歌曲元素的〈盛大的聚會〉（Meyoi no Peistotomu），加上鄒族傳統歌舞少有的律動歌曲〈跳躍之歌〉（Sakiyo Kalalo），和音樂術語中所謂「頂針格」的即興舞蹈「滑稽舞」（Yangotayoe）等，與台東多樣的〈Ho iyahoi ya〉、〈Ho haiyan〉交流，Pinuyumayan（卑南）族、Cou（鄒）族相見歡，山和海的交融，場面十分熱絡、歡欣。

當天，陸森寶老師教了一首阿美族的歌曲〈櫻花和百合〉，歌詞雖然配上日語，卻是十足的原住民歌曲，我很喜歡它，而且常常吟唱。後來才知道那一首歌是郭英男〈飲酒〉重唱曲的主調曲呢！

長途跋涉

一九四六年，鐵路網大致恢復，西部幹線的寬軌接連著密密麻麻的台糖五分仔車，以及花蓮到台東、嘉義到阿里山的窄軌，交通還差強人意。南迴、北迴兩條鐵路還沒有開鑿，蘇花公路分段單向通車，西部縱貫線鐵路好像只有民雄到嘉義、彰化到追分是雙線道，其餘皆為單線道，行車時間大都消磨在各站的錯車等候裡，行車速度極為緩慢，難怪當時有餐車和寢台車（臥鋪）。在公路運輸剛起步的當時，除了人員運輸之外，大部分貨物運送都依靠鐵路。

陸森寶帶領的台東南王部落人們，乘坐公路局巴士，輾轉自台東到枋寮，換乘鐵路到嘉義一宿，隔天坐阿里山森林鐵路到十字路車站下車，步行一個小時到當時吳鳳鄉的鄉治達邦部落。現在回想，當年長途跋涉為原住民的音樂進行交流和分享，是多麼宏觀的思維。陸老師在任職台東農校之後，一生創作不同形式的曲調，像〈美麗的稻穗〉這首經典歌曲，此外還寫了多首配合天主教彌撒的歌曲，是原住民多產且排行第一的作曲家。

父親生前也創作多首歌曲，如果他和陸老師一樣長壽，說不定也會和這位在南師共用一台鋼琴的原住民同學一樣，創作出更豐富的山海交融經典作品。

第一類接觸——郭恭（kokongu）

部落樹林到處都有攀木蜥蜴，鄒族語叫牠郭恭（kokongu），奇特的長相、可愛的逃跑模樣，時常成為聚落小朋友戲謔的對象。郭恭時常在晴天時到草地上曬太陽，只要跟牠保持某種距離，牠是紋風不動的，但若再接近，牠的頭部會上下屈伸，好像鞠躬的樣子，有時也會左右搖擺，好像搖頭拒絕，其實這是逃離前的前置動作，若再往前一步，牠就會逃之夭夭，攀爬上附近樹幹躲藏，但仍露出頭部做鞠躬狀，真的很可愛！一般國民政府的會議，會有「大會開始、全體肅立、主席就位、唱國歌、向國旗暨國父遺像行三鞠躬禮」等禮儀程序，當外省籍的司儀把「一鞠躬」唸成「一郭恭」「再郭恭」「三郭恭」時，就很搞笑了。而且司儀示範鞠躬動作也不正確，沒有做出上半身彎曲十五度的標準動作，只是頭部點一點，不禁讓我們連想這不是攀木蜥蜴點頭的動作嗎？想像力豐富的族人，有幾個人在「一郭恭」的時候就笑出來；「再郭恭」時，半數都笑出來；當唸到「三郭恭」的時候，大家都忍不住哄堂大笑。司儀不知道所以然，只得讓程序停頓片刻，場面弄得非常尷尬。

山地同胞

「同胞」的原義是「同一父母所生者」，衍生義為「同一國家或民族之人」，但原住民可不這樣想，雖然知道同胞的意思是指我們，所以常嘀咕誰是你們的同胞？同時不時聽到官員以南方腔調，「每位每位同胞（慕依慕依董包）要怎樣、要如何……」地講個不停，而日本孩童暱稱「蟲蟲」為muimui，當時部落大部分人已經可以使用流利的日本語對話，因此會疑惑「每位同胞（慕依慕依董包）」難不成把原住民當作「蟲蟲」看待？台灣少數民族最初被當成蠻夷的「夷」，清代叫「生番、熟番」，日治時代加個草字頭又變成「蕃」，二戰後期為了補充兵員，將台灣閩、廣、蕃都納入日本國籍，將「蕃人」更改為「高砂族」。總之，前述的統治者把我們當作人民看待，怎麼個中國人一來就把我們看成「蟲蟲」了？當然，這只不過是誤會罷了。山地同胞簡稱「山胞」，從前在林務局承包工程或採收山林副產物的包商，第一手得標的標的物「大包」，可能會轉包給別人，成為第「二包」，甚至「二包」再轉包給第三者，就是「三包」。當時原住民自我嘲謔說，採愛玉子和林班砍草的，只有第三包的份，所以叫「山胞」。一九七〇年代，東部和南部原住民就跟隨這些包商，奔波於南北各個林班地，擔任砍草工，他們的工作地點往往是高山峻嶺的邊緣地帶，先尋找有山泉水的地方搭建臨時工寮，再於附近人造林擔任砍草工作。每日天色將盡，褪下工作服，清潔身體，享用熱食恢復體力，以備明日的工作。喜好唱歌的原住民，難眠時會喝些小酒暖暖身，用吉他自彈自唱，這是原住民近代流行歌曲草創——「林班地」時期遊唱歌者出現的背景。

達邦國民學校

二戰結束後，台南州嘉義郡達邦蕃童教育所改稱台南縣嘉義區吳鳳鄉達邦國民學校，學制由原來的四年制改為六年制，其他村落的教育所及分教室，也更改為國校和分校。目前雙語教學是相當熱門的學習方式，其實達邦國校在六十五年前就被逼得非採用雙語不可（日語和廣東語）。記得第一天上課跟著老師唸「來來來，大家來上學」的課文，唸成「雷雷雷，打架雷上水」，難怪後來平地學校有老師因學生受傷打一一九尋求協助時，緊張地說：「學童受傷了！學童（水桶）受傷了！」

戰後初期的老師當中，我對鹽水籍的郭受祿、嘉義籍的林良壽和李三結這三位老師較有印象。郭受祿老師是很豪邁的音樂老師，彈起鋼琴來自以為是蕭邦，那種自我陶醉的樣子，沒有接觸過西洋音樂的族人，會懷疑是否中邪？甚至有一些心急的人叫來巫師壓陣。據說後來他為了調動的事，和好友林金生縣長鬧彆扭，辭職不幹回新營老家，組家庭樂團巡迴各地。李三結老師自我進修的能力值得佩服，跟著當時出版的《國語留聲片課本》學習，把「打架來上學」糾正過來的就是他，後來因為和我表舅湯守仁意見不合，憤而辭職到嘉義縣政府主計單位服務，直到退休。林良壽老師在達邦國校和里佳分校來回任教，後來調嘉義市博愛國小服務，兼警察局的柔道老師。這期間，族人有吳慶明及莊野秋擔任短期代課，但後來都到鄉內行政單位工作。

蕃童教育所師生合照。穿著官服者左起為汪文理、父親、杜孝生。

前排左起第六位開始為陳丁奇、周明、陳世昌、父親、范丁男。

下課了

噹！噹！……連續兩聲的鐘聲響了，這是第二節下課，距離下一節還有二十分鐘，操場剩下女生和低年級的學生戲耍，大部分的男生都奔跑到學校周圍的闊葉林，尋找低矮樹木或小鳥走過的腳跡，設置鳥踏陷阱。匆匆設置完成後，便若無其事地回校期待中午的收穫。從家裡帶來的烤地瓜搭配燒烤之類的美味，是小小的幸福，也順便補充終戰後極為缺乏的蛋白質。

起初，學校禁止於課間設置陷阱、中午巡視獵獲物後加以燒烤的行為，後來想到戰後因沒有經費修理水田引水道，水田荒蕪，沒有米糧做便當，只好對這既簡單又方便的午餐——烤地瓜配烤鳥睜一隻眼閉一隻眼，劃定安全的燒烤地點！

國校老師群

筆者就讀達邦國校六年當中，換了兩位校長，其中一位是新港籍的林錫奎校長，據說他是家父南師的同學，後來調回家鄉新港古民國小任職，直到退休。他的家人都有很大的成就，其中一個兒子很受村人的喜愛，稱呼他為哈谷（Haku），梅山國中主任退休。

另外一位是嘉義市的周明校長，後來在新成立的嘉義師範擔任出納組長。我考進嘉義師範報到的第一天，他就特別交代我說有人天天監視我，叫我謹言慎行。

一九五〇年，來了一批東北流亡學生，包括王景山、王太太劉老師，以及陳貴琦等……，他們可以用流利的日文與族人溝通，後來整批調到樂野國校。當時正值政府整肅西部高山原住民菁英份子之際，時間點不免讓人起疑，雖然他們是我的恩師，但部落的人都說他們是密告者。後來王景山據說當上法官，陳貴琦到斗南家職任職。

接著，台中簡易師範科（四年制，資格為山地生要教育所畢業，平地生是國民學校高等科學歷）的一批畢業生也回鄉服務，據說前山胞立委華愛也為同一班，只是華愛踏入軍界。家姊高菊花分發到民雄國小，陽信富、方梅英、浦一世到達邦國小，梁義富、武義享到樂野國小，溫初昌到山美國小，高隆昌到十字國小，高隆盛到里佳國小。他們班上還有一位是我表姊，叫汪玉蘭，輟學後接受訓練，成為吳鳳鄉衛生所戰後第一批助產士。

教育生力軍到位，師資仍然良莠不齊，新手老師及代課老師、代理老師充斥，這是過渡時期的教育過程，我們無法苛責。民國五十年代初期，才有在地出生的初中生保送屏東師範學校普師科，前期有羅明書、安玉蘭、湯偉隆等，在接受正式三年的普通師範科師資訓練後，也陸續回鄉加入教育行列，而且逐年有新人加入，不僅提高了教師素質，也使教學逐漸正常化。

甘地圖

民國四十年代，高山原住民地區的教科書，和一般學校的教科書不同，而且印刷很粗劣。有一段介紹印度聖雄甘地的單元，課文印得不清楚已經夠麻煩了，哪知道世界偉人甘地的相片，竟模糊到找不出臉型輪廓。如果說明註記為「甘地像」，老師大概就不會有說明上的困難，不過書上註明「印度甘地圖」，會讓人誤會是印度哪個甘泉美地的地圖吧！然後，上課了！老師就開始解釋就是甘泉美地的圖片，指著從耳朵連到鏡片的鏡架說：「這是橫貫城市的鐵路。」接著指著兩個鏡片說：「這是蠻大的都市。」又指著額頭說是平原，鼻子是高山，嘴是湖泊……

還有另外一位行伍出身的老師，為了阻止學生吵鬧，可能想說「大家停止講話！」卻口誤冒出：「大家停止呼吸！」學生們愣了一下，想說這不是打靶要領、扣板機之前的動作嗎？

又有學生問另一位老師什麼叫動物？老師回答說會動的就是動物。學生又問那麼汽車是不是動物？老師回答說：「差不多！」

以上並不是杜撰，七十五歲以上的部落老人都還記得，一直說到現在，笑到現在。

最後一次焚燒獵

北鄒的特富野和達邦兩大社，在距今三百六十八年前的一六五〇年、荷蘭統治時代的文獻中，即記載其建社在中央山脈與阿里山山脈之間的曾文溪上游河谷台地，部落東方及南方是雜木林地，適合農作，過去採用家庭式小區域耕作，整個步驟如下：先擇地砍伐樹木，接著焚燒整地，實施小型農具耕作，幾年後再擇地重複前述過程。這通稱「手鍬耕作」的小型農耕，大都種植旱稻、粟、薯、芋等，而且除了清除大石頭以及堆積石垣外，大部分是女性的工作。

部落西北方的芙蓉山（Fukufukuo）、凸龜山（Teva），雖然也是雜木林地，但因地勢陡而無法開墾，成為部落焚燒獵的場所。我很慶幸自己看到了部落最後一次焚燒獵的場面。住在高山地區的台灣原住民族，狩獵方式有很多種，像陷阱獵、武器獵及焚燒獵等，其中焚燒獵的過程比較特殊，而且，這個集體大狩獵行為也可能附帶有祭祀、訓練、團結、驅逐蟲蛇、改變林相等作用。每五年舉行一次，由達邦、特富野兩大社合辦的焚燒獵，和一般狩獵有很大的差別，因為它事先要有詳細的配套，例如放火點的選擇、風向的考量、埋伏地點、防火線與人員的配置等。

天一剛亮，就聽到有人呼喊：「大家集合，準備出發了！」很多好奇的兒童也跟著他們到廣場。兩大社的壯丁，除了守備人員之外，全員到齊，他們穿著一般長袖上衣，和經過鞣皮技術製成的帽子、披肩、後敞褲與涼鞋，隨身攜帶番刀和肩掛網袋，手裡拿著各式各樣不同的器械，有弓箭、長矛、槍枝等……。接受長老指示後，各自帶開隊伍，前往指定地點。筆

焚燒獵地點的正面為象山（Peyohuna），後面為芙蓉山，右側接凸龜山。（高英傑攝）

焚燒獵祭東邊界為凸龜山（Teva）。（高英傑攝）

者想像這一幕與過去出發爭戰時的情景類似，只是少了四十公分長且稍稍彎曲的出草用番刀，以及紅色服飾。沒等待多久，三個起火點便前後燒起，最接近達邦社的象山（Peyohuna）背後傳出零星的槍聲及吆喝聲，焚燒獵也隨即進入緊張階段。熊熊的烈火吞沒了山林，嗶嗶剝剝的火苗聲中參雜著激烈槍聲和人聲。火燒到原始林邊緣就自動熄滅，此時已經將近中午。據說，焚燒獵在日治時期，與頭蓋骨埋葬、墓地設置、獸骨堂等同被列為改善項目，後面三項都有顯著成果，唯獨焚燒獵這項還來不及禁止，日本人就離開了。戰後，國民政府接收原日治時期的營林所，改為台灣省林務局，將前述焚燒獵地收回國有，卻承租給漢人，但因正值蔣介石威權時代，誰都不敢反抗。奇怪的是，這個地方每兩、三年就發生大火，警方懷疑是人為縱火，但查不出原因，倒是部落有個笑話可以參考：「芙蓉山有兩隻公山羊打架，羊角迸出火花，阿里山公路附近又發生大火了……」

集體捕撈

部落有幾個重要祭祀與魚類捕撈有關，因此，長久以來都有針對河川的分配制度，各家族的捕撈區域有嚴格限制，不得越界，否則會受到嚴厲譴責。據說，捕捉螃蟹也不例外。日治時期管制開始鬆綁，戰後就不再限制了。記得鄒族最後一次焚燒獵後沒多久，我又親歷了一次魚藤捕撈。那時河川水位很低，部落宣布要舉辦一次集體捕撈，之後壯丁們便到後山挖掘魚藤根部，每戶採取足夠份量，花了將近一天時間準備。翌日，達邦鐵線橋下的河川人潮絡繹，兩邊河岸每隔二十步左右，就有一堆人在同步搗碎魚藤根；下游也有一字排開的人，手持魚叉或撈網，準備一顯身手。接著，一聲令下，上游依次往河中投擲搗碎的魚藤根，河面激起浪花，魚群短暫跳躍後浮出河面。

這時，手持撈網者便輕易地撈到魚，而網子搆不到的，則由魚叉來伺候。激烈過程不到十分鐘就結束，人們將撈獲物集中到一處，重新按家族人數分配。小魚或沒有被抓到的魚，也很快就活了過來。部落原本不吃沒有魚鱗的魚，見日本人用單叉式大魚叉捉鰻魚，先觀望了一段時間，因無法忍受鱸鰻燒烤美味的誘惑，也吃了。不過，魚藤捕撈方式捕不到鱸鰻，因為魚藤的毒性還不足以麻痺牠們。

台南縣長袁國欽

終戰後，一家人搬到鄰近鄉公所的公家宿舍居住。一九四七年三月四日清晨，住家附近的鄉公所招待所，有陌生人在活動，使用的語言不是台灣話或日本話，這對當時仍舊使用日語當主要語言的部落來說，是很特殊的。後來才知道，台南縣長袁國欽突然蒞臨部落。這位據說是九州大學出身且精通日語的縣長，再度光臨達邦村，鄉公所相關人員忙著接待，但和他前一年第一次蒞臨部落時，民眾以歌舞熱烈歡迎的場面相比，這次行程顯得非常低調。後來才知道，這是受到二二八事件影響。台南縣政府所在地的新營鎮，三月二日發生暴動，縣長偕外省籍官員離開新營，經過關子嶺（現台南市白河區）、後大埔（現嘉義縣大埔鄉），來到達邦尋求部落保護。父親將他們祕密安置在當時閒置的高氏老屋（筆者出生地旁邊）中，由青年團團員層層保護，以免受到報復。據說，他們住了一個星期左右，待嘉義、台南情勢穩定後，才護送他們由原路回台南。

高山部隊

湯守仁日名湯川一丸，曾隨日本部隊前往中國作戰，深深體會中國軍隊的特質，因此當高山部隊退回部落時，也將大批武器連夜帶回部落，以防萬一。三月八日，國民黨政府派二十一師，以「弭平動亂」名義，在北部的基隆登陸，港口地區頓時成為人間地獄。他們一下船，只要遇到可疑的人就開槍掃射，未經審判就地槍決的情形到處都是，這些事在當時的國內外報紙都有報導。三月中旬，大約有一百多人的二十一師部隊前來達邦村，實施「清鄉」行動。這次他們一反在斗六、虎尾、嘉義等地區的惡劣行徑，突然變成有規律的隊伍，沒有挑釁、沒有示威、沒有搜索等行動，就是因為我們有槍械。

有一天，達邦部落的運動場聚集了許多戴著日軍戰鬥帽的青年，隨後就聽到了答！答！答的連續聲音，原來是前往嘉義市支援民軍、攻打紅毛埤彈藥庫，並且包圍嘉義機場的「高山部隊」試槍的聲響。每當部落有大事，我們這群小蘿蔔頭都是不可能缺席的，那一天也都聚集在當時的達邦國民學校，觀看運動場（現在警察分駐所前）上的動靜，看到了機槍和自動步槍向北方芙蓉山麓射擊的情形，真是驚心動魄。同樣的事也在樂野部落進行，他們試射一門野戰砲到山美部落附近山頂，現在部落年紀稍大的人都知道這件事。後來大型武器由部落派人集中保管，其他小型的「三八式步槍」、「九九式步槍」，則和一般獵槍一樣，交由個人使用，子彈則放在幾個固定地點。記得我家榻榻米下也是存放的地方，不時有獵人善達（Santa）叔叔和基庫歐（Kikuo）伯伯等向父親討個三、五發子彈。他們笑稱得到「三八式步槍」後，「村田步槍」（據說是日俄戰爭的制式步槍，後來配發給原住民當獵槍）可以當古董了，不過以後打獵要走更遠的路，因為野獸都逃到深山裡去了。

新美集體農場幹部，前排左起為湯守仁、高正義、樂信・瓦旦、賴啟眾，以及場長杜孝生。

不要殺我！

二二八蜂起，各城市成立處理委員會，接收警察和治安系統的人力與物力，維持治安並且保護外省人。但是民眾積壓了二年的不滿需要宣洩，因此不管青紅皂白，只要是外人，就加以痛打。A君是廣東人，也是唯一在達邦國民學校服務的外省籍老師，有一天走到「見過天皇的吾雍」家前面，吾雍故意把山刀從刀鞘中推出；這個開玩笑的動作，被A君認為是原住民想要報復，嚇得往里佳村方向逃亡。他的逃亡路線和縣長一行人尋求保護的路線剛好相反，後可能因山路陡峭導致體力不支而昏倒在路邊。衛生所主任杜孝生醫師，接到消息後前往急救，正要打針時，A君突然回過神來，可能把大型針筒看成了什麼，有氣無力地說：「不要槍斃我！不要槍斃我！」

台中下行列車

父親被捕那年（一九五二年）的九月中，我和十位鄒族少年前往台中簡易師範先修班（補習班）就讀，班上共有四十多位包括鄒族、泰雅、布農等在內的台灣西部山區原住民學生。這個班級是台中師範為了儲備原住民小學教師而設立的預備班，只要修業一年，即可直升台中師範簡易科（四年制），準備回家鄉服務。學校的佈告欄天天都有政治情況報告，也時時公布原住民的匪諜、貪污、叛亂等案，因為父親的案件也在列，學校老師同學對我異樣眼光的投射，或刻意疏離的動作，都使我了解自己所處的環境和地位。雖然功課名列前茅，也受到幾位恩師的保護，還是免不了受到同學欺辱與排斥。

一九五三年，先修班奉令解散，依成績先後，幸運被分發到台中第一中學（日治時的台中一中）初中部。當時的一中，除了優秀的台灣籍學生從中部各地考進來之外，也是當時外省籍子弟、華僑學生、山地籍學生指定就讀的學校。學校人數多、接觸面廣，除了級任老師之外，政治層面的話題已經很少出現在生活中。雖然嚴禁說日語，但台灣籍和山地籍的學生依然會大膽說上幾句日語、唱日本歌。其中有幾首是父親教我的童謠，哼唱之中，使我益發懷念起離家一年多的父親。

學校有一位中俄混血的女老師，黃昏時常常在教室裡拉小提琴，我常和幾位同學前往聆聽，夢想有一天也能夠和她一樣拉小提琴！可能我頻頻聆聽的緣故吧，有一次她突然以我想像不到的鄙視口氣問我，你這個山地生怎也喜歡西洋音樂？我回答，我不但喜歡古典音樂，現在學校午休播放的「貝多芬第二交響曲」唱片，還是我從山上帶來的。老師又驚訝又懷疑的表情，充分顯示當時教育工作者對原住民狀況了解的缺乏。

想念父親的心思，不因功課的忙碌而消失，無罪開釋的期待在心中縈繞，租一部腳踏車，到距學校二公里的台中車站月台，目送下行（南下）列車，變成每個星期天的例行公事，希望見到父親的身影……雖然最後希望落空，但父親留給我的回憶，永遠烙印在我心中。

一九六一年，我從台灣省立嘉義師範學校畢業，開始擔任小學教師的工作。雖然無法在家鄉服務，但假日回部落時，感覺已變得不一樣，開始得到許多父老的接納與關心；排斥過我的同年齡層的人，也改變了原有態度。村裡比較正直且膽大的客家人，直接說父親是無辜的、被陷害的；這種人在威權統治時代少之又少，而且相當冒險。這時，官方及學校還相當限制我和三弟英輝的行動與言論，但台灣的大環境似乎已有風雨欲來、面臨改變的跡象了。

一九八三年，在學校的聚會裡，從外地來作客的外校校長，當著來賓和在場的原住民與教師面前說，阿里山鄉的落伍是高一生造成的，他沒受什麼教育，政府給他鄉長的職位該滿足了，還要反叛政府。在座的賓客大都知道我是高一生的兒子，而且還是這學校的教務主任，所以場面非常尷尬。我告訴他說高一生是日治時代台南師範畢業的，他竟回答說日治時代的原住民教師，講習幾個月就可以當了。

這件事之後，我和三弟英輝開始蒐集父親的相關資料，台北的陳素貞老師也正好開始做田野調查工作，於是從陳老師那裡取得父親畢業名冊一紙，裡面詳細記載了入學和畢業年度。後來影印寄給教育界同仁，讓動不動就說我是某某大學畢業、某某師範畢業，證件於戰亂中遺失的人事做些參考吧！接著，台灣公共電視台拍攝《台灣百年人物誌——高山船長高一生》時，又從台南師範取得父親親自用毛筆書寫的入學願及其他珍貴資料，對父親求學的情形有了更深的了解。

大正五年（一九一六年），父親進入台南州嘉義郡阿里山蕃達邦蕃童教育所，大正十一年（一九二二年），嘉義尋常高等小學校尋常科四年級入學，大正十三年四月十四日就讀台灣總督府台南師範學校普通科五年及演習科一年，昭和四年（一九二九年）四月卒業，隨即擔任達邦蕃童教育所教師兼駐在所巡查。

從父親僅留的一本手冊及三本已遺失的《潦倒時代手記》（どん底時代の手記）留下的照片中，可以想像父親在日治時代十六年當中，扮演鄒族人、日本巡查、教育所教師等三種角色是多麼困難的事。那時候，內有大哥英生（Hideo）罹患腎臟病，情況時好時壞，還要照顧大批親戚及食客；外有部落文化與行政體系的衝突，加上部落人對破除迷信及廢除家屋葬等工作的消極態度，父親經常處於兩難困境。戰後參與二二八事件，勸導族人前往新美、茶山等地移民，加上高山族自治縣的構想和連絡，相信也遇到了許許多多困難與挫折。我真的想像不到極度繁忙的父親，還寫了多首有關登山、打獵、激勵、移民的歌曲；在兒女面前和母親合唱〈荒城之月〉、〈月之沙漠〉、〈海濱之歌〉時，其祥和的態度、自然的神情，真難想像當時的他其實心神煎熬。當我唱他為孩子們寫的〈青蛙醫生〉時，溫馨感謝的回憶充滿我心中。懷念！懷念父親，好想回到台中火車站目送下行列車，想像列車在車輪轉動的聲音和汽笛聲響中，慢慢消失在眼前……

父親獄中來信

なつかし春芳　　三十日にあなたのテガミなつかしく読みました。こちらではキクの花がもう咲きはじめました，それを見てウチの菊の花がなつかしくなりました。私も孝生も猛吾も元気です。私は日曜日にかならずてがみをだしましたがなにかのツゴウでうちまでつかなかったでせう。私は日曜日になると手紙が出せるのでうれしいです。あなたは此の頃すこし心配しすぎてる様ですね，私はそのうちにきっと元気でウチにかえるからがっかりしないで元気で頑張っ下さい。此の頃きつい仕事をやっているじゃないですか，きつい仕事は三人の子供にまかせて，あなたはヒロ、赤ちゃん、トヨの相手をしたらよいです，あなたの無理は不幸のモトになりますから，絶対いけません。私の毎日の研究はこれからの家庭をどう言うふうにしたら幸福になるか，エームツの造林，こどもの教育などです，それから歌を造ったりしています，とにかく毎日何かを研究しています。あなたのこと、ウチのこと、子供のことがなつかしい外にはそんなに苦しいことはありません，でも夜はとてもながく感じて時時起きて書物を読んだりしました。

（譯文）

想念的春芳　　三十日以想念的心情讀妳的來信。在這裡，菊花已經開始綻開花朵；看到這些，就想念家裡的菊花。我和杜孝生、汪清山都很健康，每到星期日我都會寄信，也許有某種原因，信件沒有抵達家裡。但我還是高興，因為每到星期天都可以寄信。最近妳好像有一些擔心過度的樣子，不久我會以健康的身影回到家裡，所以不要頹喪，要有朝氣，要堅強起來。最近是不是做費力的工作，這些工作交代三個孩子做就好了，妳只要陪伴英洋、小寶寶（美英）、豐玉就可以了，妳的操勞過度也許會帶來不幸，所以絕對不要做費力的工作。我每天研究的是如何使家庭更幸福、誒姆茲（Emcu）的造林、小孩子教育等等，也寫一些歌曲，總之每天都有些研究。想念妳的事、家裡的事、小孩子的事以外，在這裡沒有苦惱的事，不過感覺上夜間特別長，使我經常爬起來閱讀書籍。

神様は私共の家をそんなにながくは 苦しくさせないでせう，人のいろいろなウワサを信じたりしないで神様に祈つて下さい，今のところ神様と家族しかたよりにならないのです，若しウチの子供が多くなければあなたはどんなに淋しかったことでせう，子供の多いのは苦労するけれども，こんなときにはにぎやかでたすかります。次に大事なことだけ書きませう。

1、私のてがみんな大事にして淋しいときは出して読んで下さい。

2、舊い家（ケユパナ）にまだ行ってはいけません，私がかえる迄今の家でがんばって下さい。

3、棕梠（シュロ）のお金は達邦分店十字路に一銭もまだやってはいけません，澄美と英傑にも少し送って上げなさい。

4、わたしにもお金を送らないで下さい，あなたたち家に残っている人の生活費にして下さい，私は何にも困っていません。

（譯文）

神不會讓我們家庭艱苦這麼長久的日子吧，不要相信人們各種的謠傳，專心向神禱告，這個時候只有神和家族是唯有的依靠。雖然孩子多是辛苦的事，不過在這樣的時候就顯得熱鬧了，如果家裡小孩子不多的話，妳是多麼寂寞呀。以下只把重要的事情寫下來。

1、我的信件慎重地收藏起來，寂寞的時候拿起來讀。

2、還不要搬回老家屋（給油巴那），在我回家之前堅持不要。

3、棕櫚（紅棕）的收入，還不要付錢給達邦分店和十字路，寄一些給澄美和英傑。

4、不要寄錢給我，當作留守家人的生活費，我沒有金錢方面的困難。

5、蛇と火事とケガと病気に注意してください，マル（犬）を大事にして。

6、澄美と英傑に時時 父の様子しらして上げなさい。

7、正尚 梅三 ヒロヨの三人を絶対帰らせてはいけません。

8、水田（クアリアナ）のいねかりすんだら，子供達にいもうえさせて下さい。

9、サザンカの実は売ってはいけません，油にして使って下さい。

10、よくミシンを使いなさい，小さいへやの赤いモヨウのカーテンは子供のねまきに作りなさい。

11、梅三と正尚に私の古いしゃつでもよいから上げなさい。

12、三人のハグのこと前からわかりました 気にしないで神

に祈りなさい

13、デンチク鳴らして子供達だけと聞いて楽しみなさい。

14、達邦のクニ子さん（杜孝生の）と嘉義のクニ子さん（猛吾）は大変困っています，大きな子供まだいないから。杜クニ子さん時時行ってなぐさめて上げなさい。汪クニ子のことテジマさんに話しなさい。

15、私のこと余りかんがえすぎない様に，小さい子供を私と想ってうんと大事にして下さい。（うらを読みなさい）

（譯文）

5、要注意蛇、火災、受傷，以及疾病等，MARU（狗）照顧好。

6、有時把父親的現況告訴澄美和英傑。

7、正尚、梅三和博代絕對不要辭退。

8、水田（夸里阿那）收割以後，教孩子們種植甘藷。

9、苦茶花種子不要賣，留作炸油使用。

10、縫紉機要常使用，小房間裡的紅色窗簾，可以縫製小孩的睡衣。

11、我的舊襯衫送給梅三和正尚。

12、不受歡迎的三人組的事，已經知道了，不要在意，向神祈禱。

13、啟動電唱機，和孩子們聽音樂歡樂吧。

14、達邦的國子（杜孝生家）和嘉義的國子（汪清山家），她們面臨很大困難，家裡又沒有大一點的孩子。有空時過去看看杜家的國子，至於汪家的國子，請交代手島房之助（鄭茂霖）。

15、我的事請不要過分想像，把小孩子們當作我，審慎照顧好。（請讀後頁）

16、菊子は好きな様に台中に行かせてもよいが，行く前よく注意して上げなさい。

17、鶏をよく養って下さい，ヒヨコは蔡さんから十羽位もらって下さい。

18、汪偉民と高達榮にたのんてヒロヨ達の親達によくたのんで，私がかえる迄家に居らす様にして下さい，それは私が一番心配してる事です。小さい子供が多いし，きつい仕事は私がかえる迄あなたはやってはいけないのです。

19、新美農場のこと農会のことまだ調べが終っていません，終わったら知らせますから，よけい心配しない様にして下さい。今は十一月三日の四時頃で，外の方ではニワトリのこえがあちこち聞こえています。くれぐれもあまりわたしのことを心配しすぎない様に，あなたのなつかしい やさしい心は，毎晩夢でみています，神様には寝る前祈って下さい そしてポアトゥヤフネニト ツオウ ナ アオ（註：片假名為鄒語 **poa tuyafaneni to cou na ao**，請族人 解救我 得以釋放的意思）。夢と夢でお話しが出来るから楽しみに。 昨晩小さいヒロがあなたと一しょうにきれいな水をのませてくれた夢を見ました。

では安らかに十一月四日　　夜明

（譯文）

16、菊花可以照她的意願前往台中就職，但行前要交代好。

17、好好養雞，請向蔡河村要十隻左右的雛雞。

18、請汪偉民和高達榮幫忙向博代（Hiroyo）的家人請求讓她在我回來以前留在家裡，這就是我最擔心的事，小孩都還小，吃重的工作在我回來之前不可以動手。

19、新美農場和農會的事，還沒有調查完畢，調查結束會告訴妳，請不要擔多餘的心。現在大約是十一月三日四時左右，到處都聽到公雞啼叫的聲音，希望不要為我的事過分擔心，我每晚都能在夢中見到妳思慕的心、優雅的心。睡前請向神祈禱。接著：願　釋放　族人　我。相互的夢終能寄託言語，所以快樂的期待吧。昨夜夢見小小的英洋和妳一起給我喝乾淨的水。

平安　十一月四日　黎明

父親在青島東路看守所的日子，家庭真正感受到殘酷的人間地獄滋味。父親信中要大姊菊花到嘉義找朋友暫時救急，但據大姊說，除了縣長林金生及鄭阿財之外，山榮行、林番婆、羅水生……等都避不見面。後來接到父親獄中來信說，林金生縣長九月十日送金一百元，沒多久又接到另外一封這樣內容的信：「託運的白米在十字路車站遺失的事，是多麼無情的事，帶給你們莫大的困擾，可憐的孩子們真是無奈。」

父親被捕後沒幾天，我準備前往台中師範唸簡易師範科補習班，在嘉義住了一夜，並曾和大姊前往鄭阿財家中。淡淡的記憶中，看到他在室內還配戴有顏色的眼鏡，雖然表情有些冷酷，但他確實答應寄送白米上山。這讓這段時間到處碰釘子的大姊，是多麼興奮啊！後來據說有族人冒用母親之名，向十字路車站「運送屋」的潘立郎先生領取了這份白米並分贓掉，理由是父親盜用族人的錢，有何不可。這讓我突然想到雨果的《孤星淚》，想大聲喊：「啊！無情！」

林金生縣長想用最簡單的日語說明政府誣陷父親貪污的情事，但他說：「高鄉長將你們的錢偷竊了！」（鄉長さんが君達のお金を泥棒した）這句話讓族人產生非常大的誤會和反面解讀。事實上，部落的年輕人都能說中高階層的「客氣」（ていねい）的日語。

民國五十年代土地測量及登記時，母親希望子女們能離開這是非之地，所以放棄了大塊荒地和已經開墾的土地。開墾之地上的地上物有梧桐、油桐、苦茶樹、杉木，以及當時價格昂貴的紅棕等，照道義，收穫時回饋一些也無妨吧，何況我家的生活景況已跌到谷底，快活不下去了，但他們甚至把杉木砍來做房屋柱樑。從竹山暫時待在我家土地上耕作的蔡河村老伯，曾為此打抱不平，但有人威脅他封口。其實我家人都知道這件事，真是太委屈蔡老伯了。再重複一次：「啊！無情的族人！」

弟妹依附三姊澄美（後排右二），三姊租房子給大家住，並和大姊（前中）一起照顧弟妹。該房子的隔壁為孫立人將軍的住宅（台中市向上路）。

大姊菊花在歌廳（台中南夜歌廳）獻唱，養活弟妹。

後大埔溪遇險記

我家夸里阿那（Kualiana）達邦鐵線橋附近，有許多野生樹薯，媽媽經常帶我和四弟英明前往挖掘。我們食用樹薯多次都很平安，但有一次食用後，全家不知原因地食物中毒。

後來，再次前往挖掘之前，母親突然想到全家中毒的事，就說昨天午後陣雨，後大埔土石流退走後可能留有許多小水塘，於是決定渡過小溪尋找小水塘，試試運氣。當土石流濁水來襲時，魚蝦會往岸邊有清水處躲避，有時溪水驟退時來不及回溪裡的小魚蝦，就會留在水塘裡。我們運氣不壞，找到了大約二、三坪的水塘而且看到些魚蝦，我們在下游處挖掘水路讓水塘乾涸，抓到了許多小魚、蝦、螃蟹，都是意外的收穫。

正在忘我之境，母親發現阿里山方向的上空烏雲密布，接著就聽到打雷聲，要我們緊急撤離。我和四弟雖然只是國小、初中的年紀，但對山上河流狀態多少有些概念，所以三步併作兩步地趕到渡河點，再由母親先渡溪到對岸高處，指點我們跳躍地點。這時，河水還算清澈，但已經有樹葉、樹枝急速漂流過來，還聽到滾石隆隆聲，這是非常嚴重的警示。四弟一不做二不休，跳過三塊石頭安全抵達對岸，我這個跳遠能手則從大石頭直接跳到對岸大石頭，快步奔上高處。不久，如同噴射戰機俯衝時發出的刺耳聲和土石流，掩蓋了河面以及我們跳躍過的石頭。這十幾秒的時間救了我們，否則都成了後大埔溪的水鬼了。

阿里山發電所

日治時期，現在阿里山沼平車站附近的開闊之地就是集材所，終戰前據說有十幾條鐵路支線將各地的檜木運送到集材所，用電力起重機裝上貨車，準備下送嘉義。民國四十、五十年代，還有上東埔和眠月兩條路線。祝山線是一九八六年（民國七十五年）開通。一九七三年（國六十二年）起，新中橫公路大致利用東埔線開鑿，這條鐵路於是被廢除。

阿里山集材所電力和小區域供電的發電所，就在後大埔溪上游，營林所不僅拒絕供電給最接近的鄒族巴沙那（Pasana）部落，連象徵性回饋都沒有。終戰後，林務局勉強同意夜間定時供電給巴沙那、特富野和達邦。通電那天，林務局阿里山林場和鄉公所及供電技術人員舉辦慶祝會，這是鄒族歡樂的日子，可是對我們家來說，卻是驚恐的一天。通電的那一剎那，席間父親的摯友 Yasui Susumu 突然「啊！」的一聲，矇起雙眼離席——他的精神分裂症又發作了。他拿起步槍，上膛、上刺刀，匆匆前往我家的 Keyupana 老屋，剛好遇到三姊，就對準她射擊了幾發。三姊以為是遊戲或玩笑，用日語說：「打不著！打不著！」（Ataranai! Ataranai!）被激怒的他，對準屋內壁櫥再射擊，子彈打完之後還來個日式刺刀術（銃劍術），「劈哩啪啦」將三處壁櫥亂劈一番，然後結束這場鬧劇。

一九五一年（民國四十年）的一場大雨，後大埔溪阿里山發電廠和在清水溪維持了十年的草嶺堰塞湖，同時消失在台灣島上。

基夫咪，答八哥！（Give me Tabako）

一九五九年（民國四十八年）八月六日～八日，熱帶低氣壓帶來的水災，帶給全國空前的浩劫。這個所謂的「八七水災」，部落也無法倖免，不僅對外交通完全中斷，也面臨斷糧的絕境。

當時，前往阿里山旅遊的美國童子軍一行，只好徒步沿著自忠古道，經特富野到達邦，等候美軍直升機。得到從來沒有過的直升機要降落的消息，幾乎全村人都來到鄉公所操場，準備感受一下第一類接觸的經驗。當直升機飛抵時，美國童子軍一行魚貫上機，操場充斥著吵雜的螺旋槳聲音及風沙。黃姓衛生所主任不怕噪音、風沙，衝到直升機前，大聲用生澀的英語重複說：「基夫咪，答八哥！基夫咪，答八哥！」慌忙中的機務人員，面對這突如其來的闖入，雙手一攤，一副「莫宰樣」的表情。黃醫師不願放棄，再度比出抽菸手勢，補充一句：「斯莫庫！斯莫庫！」這才獲得溝通。剛才攤手的機務員，把口袋裡的一包香菸遞過來，駕駛座上也丟出了一條美國香菸，然後飛機在「酷德拜」和「沙呦哪拉」聲中，飛離了達邦大社。部落的人絕大部分沒看過直升機，又是多人座的大直升機，大家都大呼過癮。

而在這交通斷絕的日子裡，又恢復過去步行八小時到嘉義的狀態，而山上的問候語也從「你好！」變成了台語的「有菸嗎？」（U hun bo?）

C-47空投

這場死亡六百六十七人，受傷九百四十二人，失蹤四百零八人，涵蓋台灣全國的災難，當時政府將可垂直降落的飛機大部分用在傷亡人員的運送上，所以空投救濟物資任務就由C-47運輸機擔當。

吳鳳鄉（阿里山）空投物資的地點有幾處，達邦村選擇在達德安（Taputuana）附近平坦的山頂突布亞那（Tupuyana）。當時的投擲技術沒有現在周延，沒有降落傘設備的物資，雖然有些在落地時損傷，但總算緩和了部落米糧、醫藥等需求危機。

這次擔任空投任務的單位，是空軍駐紮在屏東的第十大隊。我二姊夫朱培祺當時是上尉飛官，據說他和幾位同袍因拒絕出任務而遭禁足，不過隊裡知道箇中原因，所以沒進一步處分。

姊夫原籍江蘇無錫，對日戰爭時期，年幼的他隨著家人遷居四川，後來朱家兄弟輾轉來台灣擔任公職或從軍，他的大哥就是「昌平演習」殉職的陸軍總司令部辦公室主任朱世祺上校。姊夫首先就讀虎尾空軍幼校，隨後進入空軍官校和唐飛同期，雖然是航空班轟炸科出身，但當時台灣沒有轟炸機，所以畢業後駐紮嘉義空軍基地駕駛 C-47 空中火車，不久調防屏東空軍基地駕駛 C-119 空中車廂。

家父過世後，二姊從十字國小調回達邦國小，大姊到嘉義工作，有一段時間接受省嘉中退休音樂老師黃瑛瑛老師的母親薛鸞鸞女士協助，在電台駐唱，據說紀露霞那時候也在一起。

姊妹倆掙錢支援父親的獄中生活，和八個弟妹的生活。這個時期，三位姊妹（菊花、貴美、澄美，父親在家時，有人稱她們為阿里山高家三公主，媲美日月潭毛家三公主）和在嘉義機場服役的幾位飛官交往，除了姊夫之外，我知道姓名的還有李姓、張姓等飛行官。

這一夥年輕飛官，曾經心血來潮，突然拜訪達邦老屋，而且住了一宿。據三弟英輝說，鄰近的小朋友聽說有飛行員來老屋 **Keyupana**，顧不得是「匪諜之家」，熱情地和這些年輕人交談分享。（好在小朋友們已可以用華語交談）這時突然有小孩驚叫：「有蛇！」有一位飛官飛奔過去，一不做二不休，抓起毒蛇尾巴，像西部牛仔拋繩般，在空中繞了幾圈後往石垣一丟，引起大家歡呼鼓掌。那條可憐的蛇，應該在繞圈時就已經昏死了吧！這次大姊已到高雄，由二姊、三姊接待客人，賓主盡歡，不過這件事卻也引起治安單位的騷動。

由指揮官陳世昌（後來擔任台北市議員）主管的保安司令部，在吳鳳鄉山地治安指揮所得知有不明人士前來我家之後，派出兩條槓的參謀（時常佩槍窺伺我家的那一位），帶領警員及山地青年服務隊前來關心，以沒有辦理入山證為由，隔天清晨將他們以現行犯驅逐出境，用類似抗戰時期的拉伕手段，捆綁他們的雙手。這種侮辱空軍飛行員的舉動，轟動全村，東北籍的劉姓校長和老師們都認為不妥，姊夫回部隊後呈報上級，據說空軍司令部和保安司令部事後進行了一番論戰，而這也是「八七水災」姊夫拒絕空投吳鳳鄉任務的原因。

浴場風波

台中師範延續日治時期的慣例，有一間超大的浴場，可供三、四十個學生同浴，除星期日之外，不管任何季節，都有熱水洗澡，不過嚴格規定每星期一、三、五男生使用，二、四、六女生使用。

有一天，泰雅族的同班同學百天才（化名），帶著臉盆、拎著換洗衣服，輕輕鬆鬆走向浴場門口，突然，他後面一位普師的女生大聲嚷：「你不可以進去！」天才被嚇了一跳，搞不清楚狀況，反而往前衝，說時遲那時快，震耳欲聾的尖叫聲此起彼落，連距離一百公尺左右的教學大樓都聽到了尖叫聲，以為發生命案之類的大事件。教職員急忙跑來關心，看到天才紅著臉，把臉盆當作帽子，匆匆從浴場裡跑出來，大家才安下心來。住在原子街的導師楊振川老師，騎著腳踏車急忙過來安撫。由於十二、三歲的男孩不是故意的，所以學校也沒有處分。

考取嘉義師範學校

一九五七年成立的師範學校，本來要設立在雲林縣北港鎮，後來似乎因為土地取得問題而未能設立北港師範，反倒是嘉義縣（那時縣市還未分）撥用了嘉義市區林森國校舊校區，設立省立嘉義師範學校。

我於一九五八年入學接受國小教師普通師資基本教育，於一九六一年第二屆普師畢業。當初接到入學考試初試錄取通知以後，我就有充分信心會被錄取，因為複試項目除了作文之外，歌唱、素描、百公尺賽跑都是我的強項，作文題目「颱風之夜」，也剛巧不久前才有颱風肆虐村落，所以很好發揮。結果果然被錄取，但仍不可沾沾自喜，因為學科考試山地生加了總分二十分。

全校只有我一個山地生，高高瘦瘦的黝黑身影，讓人一看就知道是原住民。不過由於我風琴彈得好，同時在高雄「萬象廳」駐唱的大姊派娜娜（高菊花的藝名），和嫁到嘉義的三姊澄美，經常來學校看我；她倆白皙的皮膚、高雅的穿著和氣質，以及和我用日語交談的神態，讓同學們議論紛紛。有一次，住在虎尾的女同學問我，她們真的是「山胞嗎」？好像在問我「你真的是山胞？」一樣的感覺。

嘉義師範學校校門。

普六班

普六班是普通師範科第六個班級的意思。嘉師第一屆招收男女各兩班，普一班到普四班，我們這一屆招收男生兩班、女生一班，普五班到普七班。當時林森國小還沒全數搬離，因校舍不足，教育廳要這一屆學生全數到別的師校寄讀一段時間。後來寄讀班級臨時改為兩班，經過抽籤，我們普六班留下來，而另外兩班則分別到高雄女師及台南師範寄讀。

師範學校學生為公費生，所以班上有從高中回鍋的，也有上屆沒錄取重考的，年齡層相差六歲，上山的（吳鳳、梅山、竹崎）、下海的（北港、水林）、平原的（斗六、嘉義、新市、長治），都有。班導師林東哲老師，是師大音樂系高材生，還未進入師大之前，已經在南瀛多個弦樂團擔任大小提琴手，後來成為嘉義地區的小提琴名師。他管教學生採取自由發展、從旁輔導原則，所以班上琴、棋、書、畫，籃、排、網、桌，人才濟濟。音樂方面有被稱為普六「三B」的黃姓蔡、曾義治和我，而被體育老師楊雲嚴格鞭策的機械操隊「嘉師十一條好漢」，普六班也占多數，還有不少人參與學校兩齣大型話劇的演出。

不過，負面的事也不算少，有偷窺女生書櫃的；到醫務室拍桌的；和博物老師爭論台語牡蠣和蛤蜊發音的；把心理學老師的授課筆記偷藏起來，弄得該節課老師支支吾吾、不知所云的；還有傳言男生廁所有阿飄，害得半夜尿急的同學只好在寢室前面的花園施肥，自己卻利用安靜的路燈開夜車的；還有一個被冤枉的打架事件；更有為嘉師糟糕的伙食創作打油詩並配上〈桃花過渡〉曲調吟唱：「早上紅豆放屁多，中午蘿蔔真難嗜，晚上八人一盤菜，嘉師伙食頂呱呱依督咳仔囉咧咳，嗳仔囉咧嗳，嗳仔囉咧嗳仔伊都咳仔囉咧咳！」的⋯⋯而學校的處理方式好像嚴厲了一些，警告、大小過、留校察看者皆有。

之後，為了抑制學校認定的普六班脫序行為，三年級就換教官當導師了！對此，我還偷偷唱了美國民謠〈稻草裡的火雞〉：「哎呀不得了！這個真糟糕！我們的火雞呀跑到哪去了⋯⋯」教官當導師是什麼玩意兒？難不成是要把嘉師普六班升等為步兵第六排。不爽的心情，讓我把「不得了！」「真糟糕！」唱得特別大聲。

我的心思不用「講出來！」只要「唱出來！」就好了，沒人知道是怎麼一回事。

何處深山「琴」？

我的故鄉吳鳳鄉（阿里山鄉）達邦村，在一九七四年（民國六十三年）以前，對外交通全靠步行，從嘉義市先乘「林抱」車（嘉義公共汽車）到觸口，再步行八個小時；或者搭乘阿里山森林鐵路火車，三個小時三十分鐘後到十字路車站下車，再步行一個小時三十分抵達部落。

嘉義師範學校的恩師林東哲老師，在學生們為他舉辦的慶生會上，提到了他跟隨當時在台灣省政府電影放映隊服務的舅舅，來到鄉公所所在地達邦村的事，一切的器材包括放映機、螢幕、膠片、發電機等，都是雇工肩挑，當他見到路途遙遠的深山裡竟還有一群人居住時，感到驚訝，而更讓當時就讀台南一中且已經在管弦樂團擔任大小提琴手的年輕人驚嘆的是，深山何處有琴？這裡不是都市，是原住民的部落呀！於是他順著琴聲走啊走，在公家宿舍找到年紀和自己相仿的少女在彈琴，她是高英傑的姊姊……老師說到這裡時，我聽到了幾聲驚叫聲，以及許多目光往我這裡注視過來。

那個彈琴的少女是我大姊高菊花沒錯，那部 kawai 二號琴，是從嘉義一家叫「音調社」的樂器行購入，先行拆解、火車運送、人工搬運，再組合調音，應該是鄒族第一部鋼琴吧！父親被捕後，因疏於管理而使琴況變得很差，所以賣給基督教長老教會嘉義中會山地部部長許水露牧師，據說後來流落到斗六教會。

我大姊在父親還在家時，辭教職準備留學，父親被捕後，到高雄萬象廳，以及台中的南夜、意文等歌廳駐唱，和三姊澄美在台中向上路租房照顧弟妹。大姊應該是原住民第一位歌手，藝名「派娜娜」。

姊姊當時的租屋處，隔壁可是大人物孫立人將軍遭軟禁的地方哦！

伊拗（i au）

唐姓教官接任導師後，召集全班學生訓話，勉勵大家認真學習，務必使本班成為嘉師模範班。我想這是正面的想法，很好！接著要我們「以後要如何如何……以後要如何如何………」，大概有十多項「以後」必須要改正的地方。鄉音極濃的導師，把「以後」發音成為「伊拗」，「伊拗要如何如何……伊拗要如何如何……」於是便有了綽號「伊拗」。不僅本班同學如此叫他，全校學生也慢慢都叫他「伊拗」。

我對被穿著軍服的人管教印象不佳，因為這時保安司令部在奮起湖設有吳鳳鄉治安指揮所，鄉內各村鄰都有兩條槓（中尉）參謀在活動，日日監視原住民的行動。幾次不先打招呼便闖入我家的那位參謀，時常故意露出手槍問我們吃飽沒有。後來我們私下談論，他一定是被拉伕吧，不然怎麼一點水準都沒有啊！和日治末期在達邦部落訓練「修練生」的岸本中尉，精神上和態度上都不同。

「伊拗」沒佩帶手槍，但和村裡參謀一樣的制服，令我生厭。

是惡霸！是惡霸！

新導師為了了解學生狀況，忙於和同學溝通，一對一的個別談話維持了一段時間。

有一天，終於輪到我了，戰戰兢兢地走進導師室，那熟悉的鄉音劈頭就說：「高英傑！聽說你爸爸是地方惡霸！」我說父親是日治時期的老師，戰後的官派鄉長，二二八時還保護台南縣長袁國欽以及外省籍官員……他馬上打斷我的解釋，急促地說：「是惡霸！是惡霸！不是惡霸哪裡能夠阻擋阿里山火車？」那句帶著鼻音「ngopa」的音調，迄今還留在我的記憶裡。

羅季安老師

一九五二年（民國四十一年），我被保送就讀台中師範簡易師範科補習班，修業一年後即有資格就讀四年制簡易師範。那時候國語課的老師就是羅季安老師，她的教學認真，態度和藹，長相美麗，尤其是對剛滿十二、三歲的補習班山地生特別愛護。這位兼任註冊組長的漂亮老師，廣泛受到山地生歡迎，簡師班的學長背地裡用日語呼喚她為「美麗的老師」（kirei sensei）。

相對的，山地生最怕黃金敖校長，只要看到他的人力車停在校門口，嚴肅的表情、微禿的身影出現在走廊，立刻有「肅靜」、「迴避」效果，看佈告的、閱讀報紙的、活動筋骨的，都逃之夭夭。

到嘉師上「國字正音正體」課時，老師竟然是中師那位美麗的註冊組長羅季安老師！我這次又想唱美國民謠〈稻草裡的火雞〉了，歌詞則改為「哎呀不得了！這個真高興！」雖然已經過了六年，羅老師竟然還記得我，說我是不是台中師範山地補習班的小班長？我說是的，接著她就在黑板上寫了「蝴蝶的生活困難不困難？」叫我讀看看，這次讀得很順，也正確。

補習班時代還沒有破音字觀念，「困難」和「災難」都唸去聲，簡師班學生被羅老師糾正過好多次類似的破音字，但是效果不像漢人學生好。後來她在走廊上遇見我們，也會用去聲唸「蝴蝶的生活困難不困難？」來作弄我們，不過經過五、六年了，她竟然還記得這事，真的服了她。那一節下課時，我特別趕過去道謝，她說：「高英傑你的國語進步很多，我推薦你加入學校話劇團繼續磨練。」後來主導劇務的吳權先生說我五官深邃、膚色黝黑，補一補妝就可以上場了。雖然演的都是小角色而且是演壞人，還是感謝羅季安老師精心的安排。

擋火車鄉長！

興建於一九二〇年、占地五百坪的阿里山貴賓館，原為日治時期皇室及高官視察用的宅邸，終戰後一度成為蔣介石的行館之一，但因路途遙遠，使用率不像角板山行館頻繁。據長輩說，蔣介石要住進貴賓館之前，阿里山森林鐵路各橋樑隧道都有安全人員檢查、駐守，而且一直到阿里山水源地，都如法炮製。

有一年，蔣介石乘坐森林鐵路唯一的高官專屬電動火車前往阿里山，交代吳鳳鄉鄉長到阿里山晉見他。這裡可不像角板山有公路抵達復興鄉澤仁村行館，叫樂信・瓦旦晉見他那麼容易。父親接到嘉義警察局通知後，一看時間，不得了，再過一個小時，十字路車站的火車就要出站，而達邦到十字路有七公里，又大部分是爬坡路段，最快也要一個半小時，不得已打電話給十字路車站站長邱育熙先生，請火車等他們一行人，因此火車多停留了三十分鐘。旅客不耐煩地抱怨到底發生什麼事？七嘴八舌地說個不停。後來確認說火車要等鄉長一行人。結果，這麼一說之後，可不得了了，「鄉長可以擋火車耶！」的消息不脛而走，甚至有「一、二、三到台灣，台灣有個阿里山，阿里山上有鄉長，森林火車可阻擋！」的唸謠，難怪教官導師會對我說：「是惡霸！是惡霸！不是惡霸哪裡能夠阻擋阿里山火車？」

基督教進入部落

長老教會的孫雅各於一九四六年前來部落傳教之後，嘉義東門教會的黃武東、陳惠昌等牧師繼續前來宣教，揭開了長老教會開拓的契機，可惜二二八蜂起，族人牽涉極深，山區被嚴加管制，東門教會也暫時停止宣教事工。

奇怪的是，「浸信會國際佈道協會」竟能從一九四八年開始，由周聯華帶領外籍宣教師到各部落宣教，輕易地進入部落，是否透過某種關係？不過他們宣教需要透過翻譯，不像長老會牧師直接用日語溝通，所以宣教過程艱辛，但也有初步成果。

一九五四年，西部高山原住民白色恐怖案件的受難者，包括家父等六人被槍決後，家母高春芳、武良覺、李永富、溫清川、莊榮貴等人接受浸禮。浸信會系統的洗禮和其他教派不同，通常受洗者必須整個身體浸在水裡。那天為了十幾個人的受洗，觀禮人數擠滿了長谷川溪邊。這以後，山地管制逐漸鬆綁，但由於使用華語傳教不易，周聯華最後還是把鄒族區塊的傳教工作交給台灣基督長老教會嘉義中會山地部，培植陳庄次等宣教師。

特富野天主教堂。（高英傑攝）

真耶穌教會。（高英傑攝）

特富野長老教會。（高英傑攝）

長老教會詩班前往台北大稻埕募款演出（第二排左一是我）。

清水溪邊的學校

一九六一年（民國五十年）從嘉師畢業，第一年分發到南投縣仁愛鄉親愛分校，是萬大發電所子弟就讀的學校，月薪一千元，比同班多出三百元。待遇好、福利佳，有泳池、撞球檯，還有拉小提琴的夥伴，可以在閒暇時間合奏，老舊的小提琴教本HOMAN一～三冊的合奏曲幾乎都拉過了。假日還可以到本校的部落，和巫成來先生等中師補習班同學敘舊，但由於離家太遠，第二年申請調動到竹山鎮桶頭國小，學校邊的河流清水溪，是阿里山溪和石鼓盤溪匯集而成。雖然回家路途仍然遠，總是少了一半路程。在桶頭的老人家還跟我開玩笑說：「走路回去就好了。」其實我也知道這個日治前鄒族人出入必經的地方就是林圮埔，而且還聽說濁水溪邊的社寮居民，是從諸羅鹿痲產社（清代阿里山八大社之首）遷徙過來的。不過，若真的要走路回部落，必須先搭乘員林客運到草嶺，再開始步行越過大峭壁到全仔社（梅山鄉仁和村鄒族伊姆茲社原址，已廢社），再經大里網、來吉、十字路抵達達邦部落，最快也要六個小時的路程。

桶頭國小雖然是鄉下學校，也有十二班的規模，學區包括過溪、桶頭、內寮、刈菜園等地區，接鄰雲林縣草嶺和樟湖。當時為了起碼能考取竹山中學或外地初中，甚至有人到台中考試。高年級的級任老師，大都應家長要求，兼任該班補習老師，也就是下午放學之後留校一個半小時，幫學生加強國語、算術，使用多單元變化的試題，以填鴨式教學進行補習。

桶頭國小第八屆畢業生合影。

毒蛇來了

別緊張，是「督學」要來了！但是，必須進行教室布置、處理參考書、試卷，補填出席簿、晨間檢查簿、導護日誌，還有環境清理等，不緊張也不行了。

那時候，參考書內容比國立編譯館編的教科書內容還充實，而且六個科目訂成一本，很方便，但印刷粗糙、錯別字多，於是查禁參考書便成為督學視導的重點之一。好在那時的講台是木製講台，可以活動，只要一聽說督學要來了，全班參考書就集中放在講台下，直到視導結束為止。

某天早晨，有位張姓家長把兒子五花大綁送來學校，命令他跪在校門口；聽說家長臨走前又給了他兩個巴掌，真悽慘！原因據說是這名學生逃學了兩天。校門值班導護老師立即將狀況報告校長，校長趕過來為他解綁，但因繩子打結太牢固而無法解開，於是校長又匆匆忙忙跑回辦公室，再手拿剪刀跑回現場。剛被父親賞賜兩巴掌的學生，驚魂未定，看到手拿剪刀的校長時，驚說：「校長不要！校長不要！」校長告訴他剪刀是剪斷繩子用的，不要怕，然後一面安撫一面剪開。這段小小插曲，雖然家長的出發點是好的，但是方法絕對是錯的。

我們視導區的督學，是一位很認真的督學，常趁早來校參加學校朝會，因為這天較晚來學校，老師們議論紛紛說幸好沒被督學看到，否則學校就倒楣了。我倒認為督學如果看到這幕戲，對鄉下家長期待兒女、鼓勵子弟「讀冊」的意願，會有更深一層的體會，對視導工作有正面意義。

彼咧姆是啦，彼咧老師啦！

台灣在民國四十、五十年代電視還沒有普遍之前，各鄉鎮都有許多小戲院，戲目有歌仔戲、歌舞劇，還有日、美的二輪電影。其中，美國的紅番片（西部武打片）很受歡迎，雖然當時已有字幕，但那是為城市的人準備的，鄉下戲院通常都請專門的人直譯或說明劇情。

有一天，瑞竹戲院安排了三天的歌舞劇檔期，廣告貼在村莊各角落，補習學生的家長要求停課，準備全家觀賞，但因其中一位補習老師反對而沒有停課。因此，同事在背後稱他為「衛道人士」，笑稱：「K君是否是衛道中學出身！」其實村莊早已有耳語，傳說除了廣告所列節目之外，前面三十分鐘是清涼秀，難怪衛道人士會反對。

第二天，校長命令課後補習班停課，全校教職員全數參加校外教學，地點是隔壁村的瑞竹戲院。大夥兒步行前往之前先清點人數，結果除了K師及兩位外省籍老師之外，全員到齊。我們步行約二十分鐘抵達戲院，大家找位子就座。這時，往前定睛一看，哇！K師不僅坐在第一排，兩手還扒在舞台邊緣哩！節目果然精彩，有些超過清涼秀尺度的地方，燈光照明會適當配合。

當大家都被表演吸引、進入忘我之境時，突然鈴聲大作，嚇得十幾位舞者迅速跑到後台。樂隊雖然繼續演奏，但觀眾目光都往後方觀望，然後看見戴呢絨帽、穿西裝上衣的大個子，一前一後地進場。觀眾以為是取締節目的便衣警察，不久有人認出是桶頭國小的老師，就大聲嚷道：「彼咧姆是啦，彼咧老師啦！」這是兩位同事遲到的結果。

附近村莊的人都知道全校觀看清涼秀的事，讓我們感到很不自在，很後悔。

離開長老教會

記得一九六九年還在阿里山森林鐵路沿線、和奮起湖同樣熱鬧的十字村小學服務時，曾於一個假期中在車站巧遇當時擔任玉山神學院院長的高俊明，知道他將步行一個小時前往來吉長老教會，舉辦兩天的全鄉靈修活動。我欣然跟著過去來吉教會。當辦理報到手續時，剛好看到就讀台南天主教碧岳神哲學院的高英輝修生（我的三弟），正在不遠處修理天主教堂的水管；這時，辦理報到的原住民牧者，竟然大聲用母語說：「注意！外面企圖窺伺裝設陷阱者！」（aitiomo mici boepono）我心想，基督徒不是要謙卑、要慈愛嗎？於是我二話不說、頭也不回，返回十字國小宿舍想自我靈修，但心緒起伏不定。當時教會被老K滲透，許多長老執事皆為老K，於諸多場合集體污衊父親還不夠嗎？還要侮辱我和三弟，真是有夠醜陋。想到這裡，一整夜失眠。

因此，從那年之後，一直到一九八七年離開部落到水上鄉大崙國小之前，我大部分時間都到天主教會聚會，偶爾陪母親到長老教會聚會。雖然天主教上頭依附老K，至少外籍神職人員不會隨便污衊我的家庭。這段時間，三弟英輝經過多次「發願」，從修生到修士，終於發「終生願」、晉鐸為鄒族第一位天主教神父。而我則因為有即興伴奏的福分，很適合彌撒進行中的音樂服事事工，得到了天主教友的歡心。

龐德神父

龐德神父可不是〇〇七情報員呦！他是天主教聖言會奮起湖本堂的神父，矮矮胖胖的，整天笑容可掬，體態有些像彌勒。操山東口音的他，常說：「台語嘛誒通！」他除了主日擔任本堂彌撒外，也不定期到阿里山、十字路兩個分堂舉行彌撒禮，通常由曹義章傳教師陪伴祭儀，我偶爾也會幫忙。

那一段時期，阿里山森林鐵路普通客車班次，一天上下行各一班，錯過班次就得沿著鐵路步行。龐德神父經常步行來回奮起湖和十字路，兩站間有兩座貫通大凍山（海拔一、九七六公尺）的隧道，編號三十二號的隧道有七百七十公尺，三十三號隧道有五百四十一公尺。通過隧道時，若遇到不定時運行的運材車、機關車、人力台車，不要驚慌，只要立即躲到支撐隧道的檜木柱的間隔裡即可。（現在的隧道使用水泥建造又寬闊，沒有以上煩惱）若遇到橋樑，通常會先把耳朵貼近軌道，確定沒有火車動靜之後再迅速通行。好在這裡的隧道雖長，但橋樑很短，何況橋上還為了方便清晨巡線員工巡查而鋪上了木板。

龐神父胖嘟嘟的身材，據說有好幾次無法完全躲進檜木柱的間隔裡，也好幾次因躲得太完美而出不來。遇到上述情況時，這位「台語嘛誒通」的「不喜歡」神父會先用台語罵三字經，然後說：「台灣的火車不喜歡德國神父。」這就如同之前法國神父在通過山美村「鬼山」崩塌地、被石塊擊中時說的「山美的鬼不喜歡法國鬼！」一樣。

龐德神父頻頻說三字經，以為是很親切的口頭語，這次教友就當面糾正並且說明語意，害得他馬上在身上畫聖號，口裡唸唸有詞：「我罪！我罪！我的重罪乞求天主赦免！」以後就再也沒聽到他說台語三字經。

十字國小

嘉師畢業後分發到南投縣仁愛鄉萬大發電所親愛分校，隔年調到竹山鎮桶頭國小。在這裡，老一輩的家長說你可以走路回去，我以為是開大玩笑，但我知道清朝時期鄒族北部兩大社的確都由竹山（林圮埔）出入。

一九六九年（民國五十八年），和民雄國小的學姊林姓女老師對調，滿懷希望能在大型學校施展兒童樂隊或合唱的專長。報到時，校長卻說程序不對，不得已只好放棄在這大型學校任教的機會，回家鄉的十字國小服務。

十字國小當時有六個班級，還有多林分校（在哆囉焉）。

一開始擔任本校六年級導師，但是開學一個星期前，突然有三位學生轉學，分明是不要原住民教師當級任。當時小型學校沒有課任老師，屬於級任包班制，他們一定是想先觀察我的教學狀況吧！一個星期之後，兩位學生轉回來了。

十字國小一九七〇年畢業典禮合照（前排右一是我）。

一九七〇年代海拔一、五三〇公尺的十字國小歡樂可愛的小朋友。

對此，我也不是省油的燈，徵得我堂哥高隆昌主任及代理校長李克忠的勉強同意，由南師畢業剛報到的新任教師蘇月老師接六年級導師，而我則改接五年級級任。表面上是一般性人事調整，其實是我強烈要求的。

多林分校的學生，在升高年級之前，必須到本校就讀。四公里的路程，單程需時六十分鐘。最難得的是住在科子林的一家三兄妹，單程需時九十分鐘，但他們風雨無阻，學習精神令人感動。

雷擊的那一天

十字路車站和奮起湖車站周邊，是當時特有的高山市集，一到特定時間，便如同觀光區般，到處都是人。

上午十一點左右，從北邊石鼓盤、來吉，南邊達邦、里佳等地的下山、購物旅客、挑夫、賣山產的，整個擠爆車站。有的買奮起湖便當充飢，而留在車站裡的，則買肉粽或到麵店解決，順便喝一杯驅寒——海拔一、五〇〇公尺的山村，就是在夏季裡，也還是很寒冷。當上阿里山的班車進站時，車站又開始熱絡起來，但不久就慢慢安靜下來，購物的旅客、挑夫、賣山產的，都離開了車站，等待明天再度前來。

架設有佛手瓜棚的農人，趁機摘瓜，以便隔天裝籠託運。有喝酒族把鐵軌當成椅子坐下，其中不少是從巴沙那部落來購物的鄒族人，以及從腦館、蕃薯寮過來的閩南人、客家人，他們說喝酒不分「南北西東」，也不分「漢、滿、蒙、回、藏、鄒」，儼然是「四海一家」。

有一天，看起來是出太陽的好天氣，卻突然飄來烏雲，接著轟隆一聲，學校鋼筋水泥廁所的屋頂被雷擊出了一個窟窿。而就在那麼一聲的當下，我從高處看到坐在鐵軌上的「四海皆兄弟族群」們，丟掉酒瓶、酒杯，「這裡哎喲！那裡也哎喲！」地驚嚇出聲。而離他們不遠、正在採摘佛手瓜的人，也緊急地說：「快離開瓜棚！」因為瓜棚的接線都是八號鐵絲，據說那天瓜棚靜電殘留到晚間才消失。

此後，「四海幫」再也不敢把鐵軌當成椅子了，而是移到麵店繼續交誼。

阿里山森林鐵路十字路車站裡的火車頭。

東方的閃光

當越戰打得方興未艾時，白天可以隱約看見從關島起飛、飛得非常高的 B-52 機群編隊飛行。這偶爾看到的機群，通常只噴出白色煙霧，小得如縫衣線般細長，可見其飛行高度，難怪轟炸胡志明小徑時，雖然地面爆炸，卻不知飛機在哪裡。

一個十月的晚上，幾位單身男老師們，睡前不上室內廁所，而是跑到屋前瓜棚澆肥，突然望見阿里山方向有爆炸聲及紅光，心想不好了，可能又是一件大災難。已熟睡片刻的我們，被村莊的吵雜聲驚醒，消息透過車站、警局手搖電話傳來，說一架由清泉崗起飛的美軍 KC-135 加油機，在阿里山附近墜機。聽到消息的村民，因聽人說飛機噴氣口是白金製造的，於是在午夜時分，攜帶斧頭等工具，步行或借用鐵路台車，前往墜機的大概地點，想要撈一筆意外之財。

但是，村民們失望了，因為天剛亮，就有兩架國軍直升機呼嘯飛過村莊，接著有七、八架美軍直升機加入搜索警戒行列，各種機型的直升機頻頻進出搬運軍品。九點三十分，中興號柴油列車也擠滿了美軍部隊和國軍憲兵。現場處理既迅速又隱密，等下午開放時，已經沒有什麼有價值的東西了，不過村民還是帶走了鋁片螺絲等物品過過癮。

不明飛行物體

大概是終戰後兩、三年間的記憶，記得當時每到晴天的早上九點左右，都會連續在部落東方發現不明物體低空掠過拉拉庫斯和伊基阿納山麓之間，引起部落極大的恐慌。對於這個有時只有兩、三個，但會突然增加或減少的淺黃色不規則圓形光點，部落的巫師和長老都說是布農族和鄒族的亡靈在天空中作戰。這種說法連大人都信了，小孩們就更不用說了。每當光點出現，鄉公所的職員都會把大型望遠鏡架在廣場，供大家觀看這不可思議的光點。後來也出現了比較合理的解釋，有人說是日軍遺留下來的探照燈；有人說是太陽光的折射現象，是有人用大型鏡子反射陽光的惡作劇……父親請當時達邦國小校長林錫奎先生透過學校課程，應用自然科學解釋，總算把這一件

「不明物體」現象，輕描淡寫地帶過。不過，驚奇的是，此後這不明物體也不再出現了，但也再度引人議論，有人說是巫師作法成功，也有人說是被外國宣教師驅走的。

蔣介石的兵隊

父親於一九四〇年（昭和十五年），也就是筆者出生當年，兩度前往日本內地觀光。

第一次是在五月三日，父親擔任嘉義郡「高砂青年團」內地觀團領隊，共滯留二十天。此行主要目的是到橿原神宮、伊勢神宮及桃山等地參拜，藉機體會日本精神。但此行最大的收穫並不是日本精神的涵養，而是「農業改良」的知識和觀念，例如勵行定地耕作、家畜飼養、土質改良等。有一天，青年團員一行人投宿旅館，接待他們的女性工作人員們，穿著和服在門前歡迎，知道是台灣來的賓客，有一位可愛的年輕侍者說：「據說台灣有獵首生番，是真的嗎？」不知是誰立刻回答說：「我們就是妳說的獵首生番。」之後就只聽到尖叫聲和打開隔扇的聲音，年輕的女侍者已經不知躲到哪裡去了。青年團的團服類似蔣介石北伐部隊的服裝，所以到九州鄉下參觀農村建設時，一位農夫就說：「這不是蔣介石的士兵嗎？怎麼可能？」

父親第二次前往日本，是在該年的十一月，和角板山日野三郎（漢名林瑞昌，泰雅族）一起代表台灣高砂族出席橿原神宮建成二千四百年參拜大典。

高砂青年團的隊服，再加上大盤帽，難怪會被誤認為「蔣介石兵隊」。

西洋人

鄒族對於曾經統治過台灣的西班牙人、荷蘭人，以及後來接觸東方各國的英國人、法國人等歐美人，都將其稱之為Angumu，是由閩南話「紅毛」轉音而來。一六三七年，荷蘭人曾經雇用漢人、洪雅平埔族原住民，在諸羅城東邊挖掘池塘，以便灌溉附近的甘蔗田。他們也定居在城中，曾經使用的井叫「紅毛井」，是嘉義市最早的史蹟，後來由這裡延伸的街道叫作「蘭井街」。池塘原來稱為「紅毛埤」，現在改稱「蘭潭」。日治時代，「水的長城」——嘉南大圳規劃工程師八田與一，在他所負責的亞洲最大規模的水利工程中，在蘭潭築堤為壩，作為自來水廠的儲水池，至今仍是嘉義地區自來水的主要供應來源，而且成為市民休閒和運動的所在。

戰時生活雖清苦，總還有配給制度，但戰後因要支援中國內戰需要，供應大量米、砂糖等物資，部落的生活品質和衛生條件都有倒退現象，部落兒童大都因蛔蟲寄生而挺著大肚子。父親聽說烏來、角板山有外國傳教師宣教，就直接和這位叫孫雅各（Rev. James Dickson）的牧師連絡。這位基督教長老教會著名的牧師兼醫生，欣然答應前來部落，這可能是自俄國學者聶夫斯基（N. A. Nevsky）於一九二七年來到部落之後，再次有外國人蒞臨，可說是部落的大事。那一天，我第一次看到一對西洋夫妻用日語教遠道而來的老少唱詩歌，還以從來沒看過的手風琴伴奏，吸引了大眾目光。當時唱的詩歌名叫「依靠主耶穌」，我至今都還記得如何唱：

主にすがる 吾に 悩みはなし　只要依靠主耶穌 煩惱一掃而光
十字架のみもとに荷をおろせは　只要在十字架下 卸下重重負擔
唄いつつあゆまん ハレルヤ　榮光讚美 哈利路亞！哈利路亞！
唄いつつあゆまん 此の世の　榮光讚美 充滿世間旅途中

一連串的詩歌及傳道過後，我們得到了應有的獎賞——小杯海人草驅蟲藥。之後的一天中，部落各個角落都是驚奇的叫聲和歡樂聲，此起彼落。我們不知道宣教成果有多少，但是驅除蛔蟲的工作可是大大成功了。

父親僅存的手冊

父親被捕之後，母親及大姊深恐連累家人，將父親的藏書與手記等私人物品燒毀、掩埋。其中一本日治時代的警察講習手帖（手冊），有半數空白頁，母親將其留作「家計簿」，也就是後來研究高一生的學者們所稱的《理想的家庭手記》。

這本倖存的手冊裡，一一條列造就理想家庭的守則共十八條，第一條守則是這樣寫的：「在遇到苦難時候手忙腳亂，太多無謂擔憂，反而失去正確的思考方向，等事過以後感覺到這些擔憂是多餘的。」基於上述守則看來，父親似乎為樂天者，其實他並不是，因為接著守則二條就提到：「不過，想一想往後的事，小小的擔憂也是值得，也許會讓後來的生活更輕鬆。」可見他面對事情常採取周延立場，也就是中庸之道，他在日本人強制實施「廢除舊習慣」的時候，成為日本當局和部落之間的夾板時，也是秉持這個態度。

在另外的守則裡，也提到「為了製造堆肥，飼養豬、兔、雞是很重要的」。他在十八條守則中，不僅從農耕者的基本面對態度著手，也提到了經濟改善、如何儲蓄等問題，都有詳細的條列。手冊後半部分表列馬鈴薯、油桐、棕梠、山茶花（苦茶樹）、梧桐等，從一甲地的整地、種植、管理、施肥、除草、中耕搬運，到苗代金詳盡的勞力表（資金表）等。父親在教師兼巡查的職位裡，對剛步入定耕農業的部落族群，有莫大的期待。

沒有燒毀的書籍

除了上述手冊之外，還有一本全冊二百九十頁的書籍，也因為該冊缺少封面，而免於焚燒，幸運地留下來。更讓人興奮的是，它的封底可完整窺見本書的真面貌。

這本叫作「哈薇老師」（ハーペ先生）的書（註：近來學術界將哈伯先生譯成哈薇老師），出版於大正十五年二月，作者是日本當代的教育思想家田制佐重，書的內容主要以「小學校為中心的理想農村建設」為題，應該是父親愛讀的書之一。根據日本學者塚本善也教授在「第二屆嘉義研究」發表的論文〈從閱讀哈伯先生一書眉批來解讀高一生的思想〉，指出：「高一生在台南師範學校時期開始勤讀《哈伯先生》這本書籍。並分別使用紅色及藍色畫下了很多旁線，而且大量留下眉批。」

我們從書上所記的日期——昭和四年四月二十日（一九二九年），也就是他就讀南師的第五年，就已經有讓達邦教育所成為建設農村的中心的構想，並且想要設置購買組合、利用組合、販賣組合、阿里山俱樂部、阿里山圖書館、阿里山兒童文庫、阿里山向土會、音樂會、學藝會、改良粟祭等，雖然只是團契的標的，至少描繪了他認為理想的部落架構。該書三十八頁的原文標題為「完善的學校不如完善的農村學校」，四十頁則為「教師兼指導哈薇老師」，這三頁有比較長的眉批，足見這些字面內容深深感動父親。以下是昭和五年二月一日頁面的旁注：

吾ガ村ノ地方自治化　吾人ハ何時マデモ官憲ノ手ニノミ主育ス

ベキデナイ　吾ガ村ニハ祖先伝来ノ美耕地ガアル之ヲ耕シテ耕シテ耕シテ家畜ヲ飼ヒ作物ヲ増収シ　カクシテ村ヲ富マシ富ヲ以テ村人ノ自治ヲ遺憾ナク遂行スルノダ

学校　共同耕作研究場　農事研究場

購買組合　利用組合　販売組合　阿里山クラブ　阿里山図書館

阿里山児童文庫　阿里山向上会　音楽会　学ゲイ会　改良粟祭

何レモ自治ニヨリテドンドン遂行スルノダ

理想ノ自治的模範農村ハ今ヤ正ニ阿里山ノ森林山麓ニ建設サレントス

指導者ヨリーダーヨ奮ヘ！奮ヘ！

眠ツテヰル奴ヲ覚マセ

先祖始マツテ以来二千年余今マデ永久ニ眠リシ吾ガ土地ヲ耕ヤセ　黄金ヲ掘リ出セ！

見ヨザクザクトシタル黄金ノ眩ユサ！

阿里山ノ指導者ヨ疾ク疾ク同胞ヲタ、キ起セ！』

（譯文）

吾村地方自治化　吾人不可永遠藉著官府之手發育成長　吾村既有祖先傳承美好耕地　要耕耘　耕耘　耕耘　飼養家畜　增收作物　確實讓村裡富有　有了富有的村人　自治才不會有遺憾的事

學校　共同耕作研究場　農事研究場

購買組合　利用組合　販賣組合　阿里山俱樂部　阿里山圖書館　阿里山兒童文庫　阿里山向土會　音樂會　學藝會　改良粟祭

每一項目　藉著地方自治　一一實現

理想自治的模範村　正在阿里山森林的山麓建設

指導者呀　先驅者呀　奮起！奮起！

把睡眠者驚醒

祖先緣起二千年來永久睡眠的吾人土地　開墾吧　挖掘黃金吧

看吧　源源湧出的黃金　眼眩頭暈
阿里山的指導者呀　趕快　趕快　把同胞打醒！

父親從達邦蕃童教育所畢業那年（一九二一年），日本當局已經開始在北鄒大社以「普及國語、改善風俗、打破舊習慣」為由，成立「自治會」，由頭目及勢力者組成，擔當官方與聚落之間的橋樑，在文中，他對這一批前輩有很大的期望，希望藉由他們的手，讓二十幾年來完全依賴官府的部落狀態，慢慢走上適度自治的部落。既然祖先留下固有的美好耕地，希望配合當時推動的定耕農業、水稻和經濟作物的栽培，建立自足的村落。同時減少打獵的次數，將多下來的時間投入農耕工作，也希望飼養雞、豬以外的其他家禽、家畜（造就理想家庭的十八條：養豬、兔、雞不僅可以取得肥料來源，也是重要收入來源），增加作物的收成，讓村人富足。認為自治一定要有實力，更認為富足和自治是相輔相成的。他也認為學校是村人農事工作的研究場所，以各種組合和俱樂部來使村人邁向自治的道路。前面提到的眉批：「吾人不可永遠藉著官府之手發育成長」，明確將自立自主的事項擺在第一順位。

一九三〇年，在他擔任教員兼任巡查之後，可能日日看到自己的同胞被官府操縱，所以認為非得立即實現自治不可。後來強烈地提出台灣原住民自治的構想（一九四七年），接著成立新美集體農場，讓北四村（達邦、樂野、來吉、里佳）族人遷徙至有廣闊耕地和水源豐沛的南山村（山美、新美、茶山），多少受到《哈薇老師》這本書的影響。塚本善也教授也提到：「高一生他並不是只追求理想的空想家。」他在服公職時，仍然利用假期種植麻竹等經濟作物，尤其是開闢水田時，和當時擔任警丁的表弟手島房之助（鄭茂霖）在夸里阿那（Kualiana）達邦大橋頭土丘，藉著微弱的油燈光線篩選水田土壤時，還曾被誤認為靈火出現。

驚魂記

這可不是希區考克的電影《驚魂記》，而是親身經歷心臟差點停止的恐懼。剛就讀中師簡易師範先修班的同學，才十二、三歲左右，一下子離開山區，到單程就需要兩天的都市，和幾百個人過團體生活，起初真的很難適應，後來因為有將近五十位鄒族的學長帶領，才慢慢習慣。不過，因為思念家鄉，依然總是會找一些理由請假回山。有一次，同班的武山勝接到一封信說媽媽過世，如此堂皇的理由，學校當然准假，全班也為此事表示哀悼。那年（一九五四年）暑假我回山上，在大哥墓旁看到了新墳，才知道父親在四月十七日，於台北馬場町，以匪諜及新美農場貪污案遭槍決，家人刻意隱瞞唯一不在家的我，使我非常難過和歉疚，精神恍惚了一陣子。

緊接著，就發生了這件「驚魂」事件。那天上午參觀完達邦大社豐年祭典（Mayasubi（現已正名為戰鬥祭）回家途中，看到武山勝的母親（我姑婆）竟然跟在我後面。我頭皮發麻、四肢無力，幾乎癱軟，費了九牛二虎之力跑回老家，告訴母親我遇見武山勝媽媽的鬼魂。「不僅這樣，還在後面跟著我呢！」母親好像在說明什麼似的，但是我因為恐懼而沒有聽進去。沒多久，那隻鬼來到我家外面，竟然開口和我母親打招呼，並且說妳兒子也回來了！我揉揉眼睛，以為是夢魘，後來才恍然大悟，原來之前說母親過世的那封信，是拜託同班的湯添富到嘉義投遞的。不管是漢族或原住民，對健在的父母說「死」字，都是大大不肖，而且非常忌諱的事。

同年，教育廳長劉先雲宣布全省簡易師範不再招生，我於九月保送到台中市育才街的中一中就學，山勝也分發到隔一條街、三民路上的台中商業學校就讀，畢業後通過山地行政特種考試擔任公職，兼任北鄒歌舞教練。湯添富則分發到台中農校，因為有音樂天分，畢業後在嘉義市區教授吉他；他是鄒族早期的音樂人，民國五〇年代轟動阿里山遊樂區的「阿里瑪」合唱團，就是他的傑作。

阿里山鄉豐山村（石鼓盤）是北鄒四大社之一的伊姆茲社（全仔社）領地，在同族激烈的內鬥下，被特富野社消滅廢社，而後漢人陸續強行占有原伊姆茲社的領地。意識到失土危機，特富野社強化了流流柴（來吉小社）的實力，以免重蹈失去蛤里味（梅山太和）的覆轍。

沿著石鼓盤溪和阿里山溪，在來吉、社後坪、全仔社、豐山等地開闢了許多水田，而石夢谷、龍蛟瀑布、千人洞等，七〇年代即已吸引許多登山客前往。豐山國小是石鼓盤台地的一塊綠地，學校和村辦公室隔著一個操場，一南一北相對，操場東邊就是吳鳳公廟。那時期，山區交通很不方便，大都靠步行，所以吳鳳鄉（現已正名為阿里山鄉）、竹崎鄉、梅山鄉等偏遠學校，都會放一種假叫作「月假」，亦即每個月放假一次。但這個假並沒有得到上級主管機關核准，教育局也始終睜一隻眼閉一隻眼，裝作不知道。哪曉得有位新派任的校長，在一項會議裡詢問放月假是否合法？不問倒好，這一問之下，教育局當然說非法且嚴厲糾正。結果這位校長始料未及地被咒罵得滿頭包。

家住隔壁來吉村的村幹事，每逢週一上午十點左右上班，星期六回來吉。他和學校相處得很好，而和一般鄒人不同，他留了滿腮的鬍子，又是少年白，外型很像西方人，是來吉鄒族的望族。外蒙籍的校長稱他為「王爺」，只要他一踏進校門，校長就會大聲喊：「王爺駕到！」有些學生也會回應說：「肅靜！迴避！」而王爺則唸唸有詞說：「平身！平身！」然後進辦公室。雖然玩笑有些開過了頭，但鄉間用輕鬆態度交往，也蠻親切的。

死癩蝦蟆

一九七八年間，有一位日本人隻身到台灣遊旅，於阿里山眠月車站附近失蹤，雖動員該地區所有人力搜尋，依舊不見蹤影。一九八〇年夏天，石鼓盤溪上游發現一具骨骸，根據身上所帶物品及衣物，判斷應為該名失蹤的日本遊客，於是暫時將其安置於村落某處，等待日本親人前來確認。巧的是，安放地點剛好是當天我前往訪問學生家長時會經過的空曠草地，當我目睹放置於木箱裡的骨骸時，想到這位客死異鄉的人，心中興起莫名遐思。

當天下午，一陣雷雨；入夜後，飛蛾和白蟻滿天飛，有些甚至穿過窗戶空隙進入室內。為了減少麻煩，我乾脆關掉室內電燈，讓室外燈火吸引牠們出去。這是獨棟的磚造木屋，一套簡便衛浴和九個榻榻米的通鋪，由我和校長同住，其他教師的宿舍則距離五十公尺遠。前幾天到山後小溪釣魚，獨自穿梭在竹林小徑，路上的雜木林間隱約看到幾座古墳，在日落之前多少有陰森之感。這段路與宿舍的直線距離也不過三十公尺左右，這天不知為什麼，特別想到一些奇怪的事。我雖然是新教徒，身邊卻總是帶著唸珠和聖經，唸珠是當時擔任天主教神父的三弟高英輝送的，可以安定一下入夜後的心，讓自己很快就進入夢鄉。

凌晨一點，突然被輕輕的叩門聲叫醒，還以為是同事有急事，但他若有急事，應該會出聲，何況宿舍的外燈和村中的路燈終夜不熄。從屋內暗處往外看，人影絕對可以看得清清楚楚，……輕輕叩門的聲音斷斷續續，卻依舊看不見人影，看樣子今天終於遇見鬼了，趕緊手持唸珠開始唸「天主經」、「聖母經」、「玫瑰經」……真的有效耶！它不再叩門了……不！它要移位了，「沙沙」聲比叩門聲更可怕。竟然移到後門輕輕叩門，不久又移到前門，沙沙聲更清楚。我已經下定決心拿著手電筒和唸珠，跟它對決後再跑到教師宿舍求救，於是鼓起勇氣開大門，大聲喊叫：「撒旦退去吧！」

只見一隻手掌大的癩蛤蟆，看來已撐飽了肚子，但仍貪心地跳躍著捕捉蟲子吃。氣上心頭的我，不管三七二十一，用手一抓就用盡全力往外丟，聽到噗的一聲，趕緊把外燈關了，免得再引來一隻，然後回溫暖的被窩補眠。

翌日上課時間，梅子樹附近圍著多名學生，嚷嚷說樹上怎麼會有大癩蝦蟆，死的呦！

警部官舍

每次回老家達邦村，總喜歡找個清晨或傍晚無人的時候，回到曾經住過八年的原警部宿舍。回想當初庭院的高麗草皮、竹籬、白石灰牆壁，以及薄木片削成的屋瓦，室內的長廊、玄關、床間（日式房間擺設字畫或器物之處）、天花板等，如今阿里山國家風景區管理處著手復原的程度令人滿意。

也因為這樣，常使我墜入回憶的深淵，彷彿看到父親彈奏著自創歌曲，音韻繚繞於達邦山谷的情境；也看到他在隔壁面客間（日語：招待所之意）大廳裡教唱移民歌曲及歌舞演練的情境，族人高唱：「新美呀！新美呀！美麗肥沃之地！」那時剛從台南縣政府取得新美村和茶山村新耕地的喜悅，從歌舞中

日治時期遺留下來的警部官舍，我在這裡生活了八年才回給油巴那老屋。（高英傑攝）

表露無遺；彷彿看到蔣經國夫人方良女士，聆聽父親播放俄國男低音夏利亞平的〈跳蚤之歌〉和〈窩瓦河之船歌〉時驚訝的表情；彷彿回到父親被捕的那一夜，荷槍實彈的士兵層層包圍官舍的恐怖之夜，林金生縣長無奈地在達邦國小教室宣讀父親的罪狀……

吳鳳鄉各界致敬團會見蔣介石。

歡迎蔣方良女士晚會（在達邦國小的教室裡）。

父親原名Uyongu Yatauyungana，日名矢多一生，漢名高一生，一九〇八年出生於阿里山樂野村石埔有小社，曾經就讀於日治時代的台南師範學校，畢業後回到當時阿里山蕃社達邦駐在所教育所任教，戰後擔任台南縣吳鳳鄉第一任官派鄉長，到一九五二年被捕為止。父親不僅關心鄒族文化的存續，更積極參與鄒族語言、民俗、歌舞的記錄與保存，多次前往當時在台中的台灣放送局（中廣前身）協助黑澤隆朝錄製鄒族音樂，也曾協助俄國學者聶夫斯基編寫《台灣鄒族語典》。對當時定耕農業及水稻栽種也積極主導。此外，還因勸阻鄒族青年志願參加高砂義勇隊前往南洋戰場，而與日本人發生極大爭執。

父親在關懷族群的公共事務，與改善族人生活之外，愛好音樂是眾所皆知，他不僅是欣賞者，也是表演者和創作者，從日治時代的〈青蛙先生〉、〈狩獵〉，到被捕後囚於青島東路看守所時的〈杜鵑山（Lalakusu）〉、〈春之佐保姬〉等多首歌曲。父親的音樂嗜好是多元的，由於接受日本師範教育，經常在子女面前彈奏或演唱如〈五木搖籃曲〉、〈海濱之歌〉、〈月之沙漠〉等地方歌謠與當時的流行歌等，也非常喜歡當時已經萌芽的台灣歌曲，如將〈心酸酸〉一曲配上鄒族歌詞，至今還有人在吟唱，而且有一首移民歌，前一小節的音符及節奏，似乎與台語歌曲〈心酸酸〉雷同。他也刻意安排讓就讀國校的兒女盡量接觸音樂，雖然擔任鄉長以後奔波各地，在家機會較少，但是只要在家，我和三弟、四弟清晨的音樂課仍是不能翹課的。父親安排的曲目，會先從標題音樂著手，像〈波斯市場〉、〈森林的鐵匠〉、〈森林的水車〉、〈小鳥店〉等，配上簡短的故事，以增加聆聽興趣。接著是小曲以及歌劇裡的間奏曲、詠嘆調等。

一九四六年埋葬大哥後，父親就在大哥墓旁的芒果樹下，指定了他自己將來的墓園所在，並向大姊說：「我死後，只要在墳前播放貝多芬〈命運〉交響曲，與一杯啤酒就可以了！」

大姊每次想起，就非常傷感，一再叮嚀我們不要忘了這件事。

「仁聖吳鳳」

一九五二年，我進入中師簡易師範先修班就讀，一年後因簡易師範停辦而轉分發到台中一中就讀。剛進入一中初中部時，學校裡的鄒族人，除了我以外，還有剛從新竹中學轉來就讀二年級的汪俊立，共兩人。隔年起，陸續有同族的學生進學校就讀，有的是各縣市保送，也有從台南二中轉學來的，合計二十多個。

學校將國文、英語、代數、幾何等課程，採能力分組方式授課，所以遇到上國文等課時，整個年級就會大洗牌，成績最好的在甲班上課，成績最差的到癸班上課。

有一個上午，老師要我到訓導處，當我走過球場邊時，看見很多人在場上打球，心想體育課不是都安排在下午嗎？上午通常很少人使用球場。仔細瞧一瞧是哪些人？都是山地生（原住民學生），他們一邊打球一邊嚷嚷「要人頭！要人頭！說話算話……」，原來這節課上的是國文課，進度是「仁聖吳鳳」，他們集體罷課以表達對污衊原住民課程的不滿，參與者包括後來北鄒的大頭目和苗栗泰安鄉長。

其實，我和同年級的布農族司榮添（信義鄉羅娜村）、全正義（信義鄉明德村）、高春木（仁愛鄉力行村）也曾演過這樣一幕戲，但動作沒那麼激烈，只是有氣無力地窩在宿舍床鋪上。

不要偷看了

民國四〇年代就讀中一中的人都曉得，月考時學校都將學生集中在禮堂應考，以座位前後左右不是同年級的安排，遏止考試作弊。監考的除了安坐禮堂主席台的主考老師外，就是分發考卷的多名助理在每排座位間維持考場秩序。這些助理好像是事務人員之類的，會於考試時間到之前十分鐘左右離開考場，是不是去處理下一場試卷，不得而知。這時候，考場秩序就完全靠主考官一個人，他目光炯炯地緊盯全場，所有人都被他一個人震懾住，不敢妄動，只有一位陳姓音樂老師不一樣，總會在助理離場後，用拉長的台灣國語說：「不～要～偷～～看～了～～～～」柔和的聲音帶著一點暗示的表情，剛一說完，全場看似靜悄悄，其實肢體動作已慢慢出現，偷看的偷看，遮小抄的遞小抄。我想，好耶！這門課pass過去了，真想當場大聲說：「謝謝老師！」

中一中阿嬷

一九五八年我報考嘉義師範，當時山地籍的學生總分可加二十分，一旦初試通過後，複試就很有把握了，因為短跑、素描、歌唱都是我的強項，最後果然錄取了。值得高興的是，從一九五七年簡易師範（四年制，為高一程度）招收山地學生，到後來的屏師、東師、霧社農校師資科及普通師範科山地班，所有的原住民學生皆為保送生，我可以說是北鄒第一個普通科師範生。但是據我唸達邦國小時的校長、當時任嘉師出納組長的周明先生表示，我本來是備取，因山地生身分總分加二十分之後才錄取的。後來部落裡當到校長的梁義富和安振昌，以簡易師範的資格修完普師課程。

當年的高中生，幾乎都是中國青年反共救國團團員，每天晚點名照例唱團歌：「時代在考驗著我們，我們要創造時代，革命的青年快下決心一齊來……」寒風凜冽的夜晚，照樣在室外晚點名，有時候，林姓教官多講幾句，我們的手就凍得發抖，好像帕金森氏症發作，根本不知道教官到底在說什麼；進寢室前難免嘀咕，把「時代在考驗著我們」的歌詞偷改為「時代在討厭著我們……」。

嘉義各校的高中生，每年都有類似閱兵的活動，記得那一次是在嘉工操場舉辦，瘦長黝黑的我帶著嘉師普六班，踢著亂七八糟的正步，當通過閱兵台時，我提起精神，用丹田之力喊出：「向右看！」結果這一看，我驚奇地看到中一中的阿嬤彭文鴻老師。我有些疑惑是不是看錯了，不過她也注意到我並且和熊茂生校長交頭接耳咧！「向前看！」回到定位後，頓時回憶起一中時的往事：我們五十位中師簡師先修班的學生畢業之後，原定直升簡易師範繼續四年課程，再回部落擔任教師，哪知那年突然宣布廢除四年制簡易師範科，所以班上的男生依名次分發到中一中、中商農，而女生則全體進入中女中就讀。

父親的歌

父親創作的歌，現在仍流傳在部落的有〈狩獵歌〉、〈登山火車〉、〈登玉山歌〉等。

〈狩獵歌〉是歌舞短劇的主題歌，其中的歌詞是「來吧！來吧！大家前往後山去打獵，嘿唷！後山去打獵，渡過草原、溪水，越過山林，我拿槍、你做陷阱，荷伊！荷伊！荷伊！」

〈登山火車〉是描寫阿里山登山列車從嘉義車站，一路開往上東埔（現今台18省道終點附近）的情境。其中第三、四段歌詞是：「越過哆囉焉，穿過杉林，來到十字路，遙遠看見達邦社，還有來吉社，穿過平遮那和二萬坪來到阿里山，鄒族靈山大塔山就在眼前。越過祝山穿過水山來到塔塔加，遠望可見魯富都社（鄒族信義鄉大社名）、楠仔腳萬（漢人稱呼該社名），白樹林、松樹林長鬃山羊群，終於望見鄒族聖山八通關（玉山）。」

鄒族幾百年來定居在阿里山山脈的山谷台地，其活動範圍，北起陳有蘭溪（濁水溪支流）、清水溪、八掌溪、曾文溪至楠梓仙溪（高屏溪上游），而玉山是出入中央山脈必經之地，相傳鄒族天神——哈摩神祇就在山巔中，族人稱之為聖山，因此幾十年來，有多位族人寫了有關祂的歌曲，父親也不例外，寫了兩首玉山之歌。那時父親剛出任吳鳳鄉鄉長，對於接下來的嶄新時代充滿期待與希望。

〈登玉山歌〉的歌詞寫出登山時的辛勞、氣候的變化、風吹冷杉颼颼發響，環繞腳下的嘉南平原，和遠眺的花蓮港，散發出自信和希望。另外，同一時期也採用日本流行歌〈十九之春〉（江口夜詩作曲）填上鄒族語歌詞：「巍峨山峰，潺潺流水，青青草原一望無際，烙嵌在那大地的腳印，是先人留下的足跡，年輕人登山時要緬懷我們的祖先。深而清澈的流水（指楠梓仙溪）和混濁的流水（指濁水溪），還有無數的溪流，它的源頭都在高峻的山峰八通關，年輕人攀登時要緬懷我們的祖先。」這首歌也成為鄒族部落歌謠之一。

一九四七年，二二八事件發生，台南縣長袁國欽帶領縣府外省籍官員前往吳鳳鄉避難，父親接到消息，立即派鄒族青年趕往後大埔迎接，縣長一行長途跋涉，經過新美、山美、里佳，前來達邦村接受保護。事件結束後，父親爭取到原日本軍用牧場，取名為新美（新而肥沃之地）和茶山（原 Cayamavana 社聚落），而為了鼓勵族人遷移到新的天地，父親寫了幾首有關移民之歌，第一首是〈來到尤依阿那〉，這首歌的歌詞是：「來到尤依阿那，已經很久了，我們遷移到肥泛的土地，住在平原的人們，認為我們好福氣；要到尤依阿那，必經達娜伊谷（現在山美村生態保育公園），我們遷移到平坦開闊的土地，住在平原的人們，認為我們好福氣。」第二首是〈離別家園〉，歌詞是：「親愛的鄉親！我們就要離開家園前往新土地，你們要時時刻刻惦記我們、祝福我們一路平安；茶山和新美是富饒的地方，住在平地的人也想要，你們要時時刻刻惦記我們，祝福我們一路平安。」另外一首〈來吧！來吧！〉，則是激勵大家向前走的歌曲，歌詞為：「來吧！來吧！年輕人，我們移民尤依阿那，平原廣大水源豐沛，來吧！來吧！年輕人……」

一九五四年，父親過世那一年，就在我就讀台中一中初中部的暑假，部落的某個角落傳出動聽悅耳的歌聲，有五、六位年輕人用日語唱著一首美妙的歌曲。這是誰的歌呢？打聽了一下，才知道是父親的作品，就是鄒族部落流行一時的〈杜鵑山〉（Lalakusu），歌詞共有五段（見本書頁十～十二），皆為懷念故鄉山川景色的詞句，感人肺腑。

一九九三年夏天，旅居加州的二姊貴美，回來探望當時已經陷入失憶狀態的母親，唱了一首父親寫給母親的〈春之佐保姬〉，沒想到母親一句一句跟著唱完，場面令人感動，彷彿丈夫又回到身邊似的。母親日名湯川春子，漢名高春芳，春之佐保姬的「春」表示母親春芳，而日語佐保姬是保護女神之意，歌詞是這樣寫的：「在山林的深處，是誰在呼喚？在寂靜的黎明時刻，傳出像鈴聲似的歌聲。是呼喚著誰？啊！保護女神，原來是春天的保護女神。」

父親離開我們已六十四年，當時背負匪諜及貪污的罪名，雖然給家庭帶來了極大的創傷，但由於母親堅定的宗教信仰，以及父親當時留下的書信所帶來的激勵（包括歌曲），雙重力量支撐之下，我們走過了無數艱辛的歲月。

杜鵑山（Lalakusu）這一片鄒族特富野大社Yatauyungana（高氏）的土地，依舊是森氏杜鵑的家鄉，飄散的白雲依舊，現今二十一世紀，鄒族人們的思考模式已經稍微改變，部分族人也開始了解父親當初的所作所為，是為了族人的利益著想，而帶領高山部隊參與嘉義機場攻防和提倡原住民自治區一事，也得到鄒族以及其他原住民族群的諒解與認同。杜鵑山下的清澈溪水，經達邦、樂野、山美、新美、茶山等地流入曾文溪；北鄒部落，藉著溪水，將父親的歌曲織成美麗的漣漪，就像迴旋曲似的，繚繞在這塊鄒族祖先留下的土地上。

三支杉木苗

父親忙著公務，經常外出，大部分時間都只有母親和我以下的弟弟妹妹在家。

一個雷雨過後的傍晚，父親悄然回家，看見兄弟三人為了小事打架。父親拿著手電筒，叫我們跟隨他走到室外，沿著寬敞的道路，往日本神社方向行走，走了一會兒，叫我們停下來，而他卻突然不見了蹤影。正在納悶之時，他手中拿著三支大約一尺長的杉木苗出現。我們跟著他向前行，天色已經暗下來，然後就在神社石階附近，第一次看到了奇怪的火球。我們都很害怕，但是父親當作沒看見，繼續沿著日治時期開鑿的水圳，爬坡行進。

走了一段路程之後，他忽然停下來，以柔和的聲音問我們，世界上最可怕的是什麼？我說：「世界上最可怕的是鬼魂，剛才那個紫色的光也很可怕！」三弟回答說：「世界上最可怕的是打雷。」四弟回答說：「世界上最可怕的是毒蛇。」接著，父親以最大的音量說：「世上最可怕的是兄弟打架！」而就在他講話的同時，「啪！啪！啪！」也用杉木用力打了我們三個人的小腿，接著一面教訓，一面打我們的小腿、臀部、腰、胸，直打到脖子才停下來，最後指著被打到枯萎的杉木苗說：「兄弟打架就像這樣！」

父親教訓我們三兄弟的地點，就在暫時寄居於高家土地上的客家人謝其三伯伯的茅屋附近，父親叫了一聲：「謝先生！謝先生！」接著趨前和提著油燈的謝伯伯交談，不久提了一隻雞走回來。回到家以後，四個人一起宰殺雞隻，煮湯給母親吃，也向她說聲對不起，三弟三成（英輝），曾經在一本口述歷史中提過這件事。

繳交槍枝

一天，難得聽到像原住民宣告舉行慶典般的呼喊聲，但不是好消息，而是宣告說：「大家注意！我們的鄉長被嘉義警察局拘留，限今天把所有武器繳出來！」部落幹部立刻通知各村落，集中所有武器，用接力的方式，連夜將槍枝送到嘉義，父親也獲得釋放。這是第一次繳械，但這次除了野戰砲被丟棄在山谷外，其實還保留了不少槍枝，所以才有第二次繳械。

第二次繳械透過林瑞昌先生的勸導和協助，總算把所有武器都繳出來，結束和政府的對立狀態。但是武器收繳之後，父親卻因新美農場貪污案件被捕，隨後以匪諜及叛亂為名被槍殺，與同案被殺的林瑞昌，剛好都是一九四〇年代表台灣高砂族到橿原神宮參加建成達娜伊谷參拜大典的人。

一九五〇年代牽涉到白色恐怖而被判刑的台灣原住民，共有四十多人，其中死刑者六人，這是蔣介石為了鞏固政權，對待日治時期培植的原住民菁英的方式，是非常殘酷而遺憾的事。

三兄弟的日本名

因為我是排行老二的男生，所以父親將我的日本名取為次男（戶籍謄本登錄為矢多二生），排行第三的兒子取名為三成（矢多三生），總排行第七的兒子取名為夏雄（矢多七生），用日語讀起來蠻順口的。

父親被捕翌年的寒假，鄉公所要收回宿舍，母親帶領我們打掃老家，準備搬回去住，而三兄弟則成為先行部隊，先住了下來。午夜時分，附近狗吠得很厲害，接著突然有大人破門而入，先用鐵撬翻開玄關的地板，然後逐屋搜查，一個人爬上屋頂（天井）說：「找到了！找到了！」找到什麼？一個破鋼盔和生鏽的刺刀，他們聲稱找到了父親叛亂的證據。其實這頂鋼盔，經常被帶到河邊當成鍋子煮蝦子、螃蟹，而鄉公所的職員則用這把刺刀挖過麻竹筍。

老屋三姊弟，左起二姊貴美、大姊菊花和我。

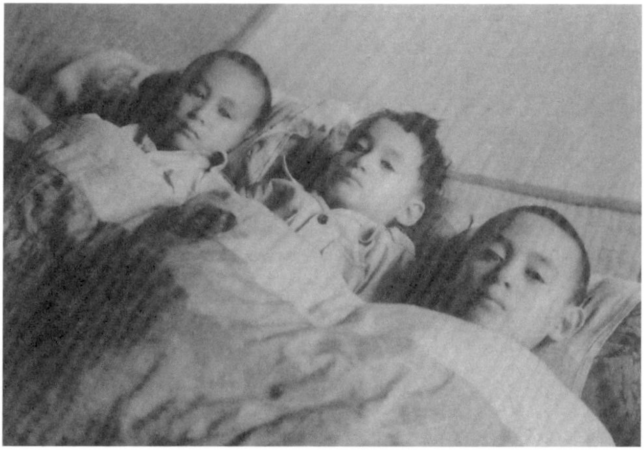

三兄弟左起英輝、英明、我。

罹患TB

一九五七年，初中畢業輟學在家的我，因身體不適、經常咳嗽，年底前往甫成立不久的埔里基督教醫院看診。三天後，被送到地理中心附近的大湳山地療養院（謝緯營地前身），才知道罹患了TB。

對才十幾歲的少年人來說，這是何等大的打擊。但是經過挪威籍的徐諾賓（**Bane**）醫師用生澀的華語詳細解說TB的類型之後，讓我安心許多，治療幾個月後就痊癒，而我也在這時接受洗禮成為基督徒。

將近半年的療養、靈修、工作、讀書，徐諾賓醫師經常調侃說：「Avai！不要讀書了，病養好了之後考聖經學校當傳教師好了！」可是我立志要當公務員養家，沒有答應。母親（不久前才由周聯華牧師主持，在達邦長谷川溪接受浸禮）起先對我患病的事也抱怨上帝，為何給我們這麼大的苦難？

一九五八年初，向醫院請假到屏東參加山地行政人員丁等特種考試（初中程度可報考），幸被錄取。同年五月，離開埔基，準備擔任村幹事，但同年七月又考取嘉義師範。

後來突然醒悟，原來上帝藉著療養，讓我免去許多負擔，安心讀書。當時部落的山地青年要擔任橋樑守衛、義務勞動、冬防勤務……等多項工作，不是安靜養病唸書的理想之地。也才憶起保羅先生要我們在任何困難時，將一切的憂慮卸給神，因為祂顧念你們。

結束四十二年的小學教學生涯（教師十八年，主任二十四年）後，擔任教會服事（木笛老師、週末營長、主日學校長、執事）及嘉基福音志工等，難免遇到許多煩惱和問題，但還是走出來了。宗教標榜正面思考，這樣的模式一直是我人生的標竿和引導。

父親的家書

父親在獄中寫了五十六封信，信中對家人的安慰、勉勵，以及大如怎樣面對現實、小如兒女補給營養的事，一一關照。

一九五二年九月十日上午，高一生和當時任教於十字國小的次女高貴美道別後，與押解人員一同上了運材火車，從此一去不回。當天下午，住在嘉義市中山路「民生商店」的長女高菊花，接到一街之隔的嘉義縣警察局打來的電話，說有父親的一封信，才知道父親被捕的事。

父親的第一封信是用中文寫的，從以後的信件得知，這封信是先由父親以日語口述，請難友寫成中文，再由父親抄寫的，全文如下：

親愛的春芳及菊花、貴美：

你們好嗎，我突然被押起來對你們確實是很大的打擊，我想你們大概很掛慮我吧！

這些都是為了新美農場和吳鳳鄉的公益，故無所愧，因為我敢相信政府有一天會理解我的苦衷，更能知道我的潔白。我不在期間，家鄉有許多事情待你們解決，也許甚至你們費神，但是，你們要一起互相安慰協力，保重身體的健康，對母親要盡子之道才好。幸一向寬大的政府優待我特別房間，諸難友也對我很好，講起生活來，我們這裡倒很舒服的，一天兩餐（主副食都充足）而散步（時間二點鐘）也能洗冷水澡，很愉快的過日子，故，你們不要掛念我。

我過去把全部精神放在公務，致使不能充分為了你們謀幸福，實際太輕薄你們了，我願你們寬恕我，你們看吧，有一天我無疵的身神定會回到你們的懷抱裡，使你們愉快的生活起來。我敢打賭，我們團圓很快會來臨，祝你們明朗，請轉告家屬，道好。

民四十一、九、十四　高一生

（解說）

誠如信上所述，政府也有所顧忌，所以先以貪污的名義逮捕，以免引起部落騷動。九月十日，部落裡的所有漢人被集中於原日本青年道場避難（現鄉立圖書館），避免鄒族報復。官兵進駐部落，將民眾集中到達邦國小，由縣長說明貪污事實。

接下來這封比較短，用日文書寫：

なつかしい春芳

クアリアナの田植えは正直達の共同會で6月10日頃から初めて下さい，杉植えは田植え後，杉、棕梠の刈り払いは，杉植え後です。
英洋、美英、豊は甘えますか，春、英輝、英明は外の人がいぢめませんか，皆大事してね。澄美、英傑の生活を安全にしてください。
私はとても元気で食物良く音楽も聞かれます。私の魂はあなたのそばに何時でも寄ります，大事にしてくださいね。
菊花、貴美は父のために苦しくても，最後までがんばらせて下さい。
正直達をよく教育してね。

高一生

（譯文）

想念的春芳：

夸里亞那（Kualiana）水田的插秧工作，就交代正直他們用輪工方式，六月十日左右開始插秧吧。插秧以後再進行種植杉木的工作，接著才是杉木林地及棕櫚園的除草。

英洋、美英、豐玉還會撒嬌嗎？春英、英輝、英明會被外人欺負嗎？請多多照顧。澄美、英傑的生活及安全也要注意。我在此地很健康，不僅食物好還可以聽音樂。我的魂魄會隨時與你相伴，你要多保重。

為父親受苦難的菊花、貴美，務必堅持到最後。

要好好教導正直他們。

高一生

（解說）

父親及鄭茂霖（警丁）原屬特富野社，因職務關係遷居達邦社，社內沒有分配給他們的土地。達邦社有一塊被認為不潔的土地，無人耕種，於是來自特富野社的年輕人便在此開闢水田。有次滿月的夜晚，他們藉著月光篩選水田表土，路過的人誤以為是鬼怪出現，部落老人還記得這件事。這個叫作夸里亞那的地方，還另有恐怖的傳說流傳於北鄒。

在五十六封信當中，唯有這封信，一家人都點到名。那時還是幼兒的有美英、英洋、豐玉，在讀國小的有春英、英明、英輝，初中的有英傑、澄美。此外，部落現在尚有所謂「共同會」的輪工方式，長工正直和梅三兩人，也參加這輪工。其實，大姊高菊花和部落長者都知道，父親被捕之後，正直和梅三即離開高家，一切農事工作皆由母親和我們這些兒女自行操作。

父親最後一封信是這樣寫的：

なつかしい春芳
あなたも　元気で　何よりです
　　白銀も　黄金も　玉と　何せんに
　　勝れる　宝子に　如かめやも
此の歌　覚えていますね，家と土地さえあれ　ば好いです。立派な子供が　沢山　居るから
品物　取られても　構ひません。私の　無実な事が

後で　分ります。ミシンを取れる前に　あなたの縫った物
を着たいのです。白い褌下（冬物は衛生によくない）
パンツの様にひもをつけ　下はズボンの様に
白い風呂敷（四尺位）一枚。
畑でも　山でも　私の魂が　何時でもついています
水田　売らない様に
高一生

（譯文）
想念的春芳：
知道妳身體健康何等的欣慰。
「無論多少黃金和白銀和寶玉
也抵不過寶貝兒女珍貴。」
還記得這首歌嗎？只要有家和土地就好，因為有很多優秀
的兒女。
物品被沒收也無妨，我的冤罪，以後會明白。縫紉機被沒

收前，很想穿妳縫製的衣物，白色的襯褲（冬天的衛生不好），短褲式有褲帶，底下像西褲。還要包袱巾（四尺見方）一塊。

在田地　在山中　我的魂魄　隨時陪伴

水田不要賣

高一生

（解說）

二〇〇六年五月十九日在台北市紅樓劇場舉辦了一場「鄒之春神 高一生 音樂 史詩 歌 聆聽森林深處」的音樂會，背景的跑馬燈即重複出現「水田不要賣」字樣。湊巧的是，之前么妹馬場美英曾寫過：「照字面解釋，當然是『不要賣親自開墾的水田』。」但從前面所寫的「在田地　在山中　我的魂魄　隨時陪伴」這一段來看，「水田不要賣」應該含有更深的意義。我有以下的解釋：前文寫著「在田地、在山中、我的魂魄隨時陪伴」，所以可解釋為水田中有我的魂魄隨時相伴，水田不要賣，也可以解釋為不要忘了我的魂魄，這段話不只給親愛的家人，也是給鄒族人的一個信息，也許更有不要出賣部落、不要出賣族群的信息。

母親的座右銘

家族雖然遇到極大災難，連馬場美英（么妹）初中時代寫給母親的書信，信封上都不敢寫「高春芳」（寫「湯春芳」），以免被同學發現是鄒族高家的人。這樣極端困窘的時期，母親親手寫的座右銘，深深感動了我們：

一、心明るければウンメイに美しい花がさくでせよぅ
二、明るいぶんい気をもとめて人物もあつまりにきます
三、祷りはあなたと大宇宙の力を結ぶのであります
四、親の信頼が子供を伸ばす
五、私達は神の子の 家であります
六、人の誉められる方向に伸びる

七、先ず神様にかんしゃしませよぅ

（譯文）
只要心地光明　生命中會綻開美麗的花朵。
人們會集聚在光明磊落的氛圍當中。
祈禱讓你和神之間得到連結。
雙親的信賴讓孩子們有伸展的餘地。
神之子（基督）是我家之主。
讓人們往極力讚揚的方向行走。
萬事先感謝神。

母親告別式的前一天，突然天崩地裂，發生「九二一」大地震，族人議論紛紛，說是應驗了父親最後書信的一句話：「畑でも 山でも 私の魂が 何時でもついて」（在田地、在山中，我的魂魄隨時陪伴）

國家圖書館出版品預行編目（CIP）資料

拉拉庫斯回憶：我的父親高一生與那段歲月 / 高英傑著 .
-- 第一版 . -- 臺北市：玉山社 , 2018.07
面； 公分
ISBN 978-986-294-203-1(平裝)
1. 高一生 2. 回憶錄

783.3886　　107010101

拉拉庫斯回憶

我的父親高一生與那段歲月

作　者 / 高英傑
發 行 人 / 魏淑貞
出 版 者 / 玉山社出版事業股份有限公司
臺北市 106 仁愛路四段 145 號 3 樓之 2
電話 / (02) 27753736
傳真 / (02) 27753776
電子郵件地址 / tipi395@ms19.hinet.net
玉山社網站網址 / http://www.tipi.com.tw
郵撥 / 18599799 玉山社出版事業股份有限公司

副總編輯．責任編輯 / 蔡明雲
封面設計 / 黃聖文
行銷企畫 / 侯欣妘
業務行政 / 林欣怡

法律顧問 / 魏千峰律師

定價：新臺幣 350 元
第一版第一刷：2018 年 7 月